Diana Palm
Erdgebunden

Diana Palm

ERDGEBUNDEN

Von negativen Energien frei werden
und Geistern den Weg
in eine lichtere Welt weisen

Aquamarin Verlag

Über die Autorin

Diana Palm (Wisconsin) ist Geistheilerin, zerti-
fizierte Reiki Meisterin und Medium. Sie unter-
richtet überall in den Vereinigten Staaten über
die Themen paranormale Untersuchung, Theta-
Healing und Medialität und arbeitet gemeinsam
mit paranormalen Untersuchungsgruppen, um
von Geistern heimgesuchte Orte zu reinigen. In
Menomonie, Wisconsin, werden das ganze Jahr
über ThetaHealing Retreats abgehalten. Private
Sitzungen stehen telefonisch zur Verfügung.
Besuche Diana online unter ConnectWithThe-
Light.com.

1. Auflage 2015
© Aquamarin Verlag
Voglherd 1 • D-85567 Grafing
www.aquamarin-verlag.de

Titel der amerikanischen Originalausgabe: Setting Spirits Free
© 2013 Llewellyn Publications, Woodbury, MN 55125-2989, USA

Umschlaggestaltung: Annette Wagner unter Verwendung von
© Elena Schweitzer/218956108 – shutterstock.com

Druck: C.H. Beck • Nördlingen

ISBN 978-3-89427-701-7

Inhalt

Dieses Buch ist all jenen gewidmet,
die nach der Wahrheit suchen und dem Ruf folgen,
der Geistigen Welt zu helfen.

In liebevoller Erinnerung an
Dickie Cool Jr. und Mary Schlangen.

Prolog

Spät eines Abends rief mich eine Freundin an und bat mich um Hilfe. Als sie von der Arbeit nach Hause kam, herrschte bei ihr Aufruhr. Seit drei Tagen hatte ihr Hund ununterbrochen gebellt. Er war völlig erschöpft. Sie sorgte sich um ihn, da er weder schlief noch fraß. Ich hörte ihn im Hintergrund fortwährend bellen, knurren, bellen. „Ich kann niemanden sehen, aber irgendjemand oder irgendetwas muss hier sein. Kannst du mir helfen?"

Ich schloss die Augen und verband mich mit dem höheren Licht. Meine Freundin lebte in einem anderen Bundesstaat. Ich sah ihr entfernt gelegenes Haus. Sofort spürte ich die Anwesenheit verschiedener Wesen. Bei einigen handelte es sich um harmlose, freundliche Gestalten. Andere waren bedrohlich und sogar dämonisch. Meine Freundin erklärte mir, dass sich in bestimmten Abständen ähnliche Dinge ereigneten. Um sich zu schützen, hatte sie begonnen, ein Amulett um den Hals zu tragen. Seit kurzem vermisste sie die Kette, die sie stets in ihrer Schmuckdose aufbewahrt hatte. Eines Tages war sie verschwunden. Meine Freundin lebte alleine und wusste, dass sie das Amulett nicht verlegt hatte. Da sie die schützende Wirkung der Kette deutlich fühlte, war sie besonders vorsichtig, wenn sie diese vor dem Duschen abnahm. Als sie sie wieder anlegen wollte, war diese buchstäblich verschwunden. Dies hatte sich drei Tage zuvor ereignet. Es waren drei höllische Tage für sie gewesen.

Ich begann, die Energie in und um ihr Haus herum zu klären und nach oben zu senden. Die Reaktion des Hundes zeigte mir, dass er sie verschwinden sah, sich aber noch nicht sicher genug fühlte, um sich niederzulegen und sein Gebell einzustellen. Ich fuhr fort, alles Negative mitsamt dem dazugehörigen Geistwesen zu beseitigen und erfüllte anschließend das Haus mit Licht, um die Energie zu neutralisieren. Meine Freundin atmete auf, als sie die Veränderung spürte. Es kehrte Ruhe ein. Auch der Hund fühlte den Wandel und ließ seinen erschöpften kleinen Körper erleichtert sinken. Der Kampf war endlich vorüber und die Schlacht gewonnen. Die unsichtbaren Eindringlinge waren fort. Das Tier hatte sein Bestes gegeben, um seine Familie vor dem zu schützen, was diese nicht sah.

Es gab noch etwas. Ich fühlte mich zu einem Zimmer am Ende des Flures geführt. Da ich meine Freundin erst ein einziges Mal in ihrem Haus besucht hatte, erinnerte ich mich zwar, dass sich ihr Schlafzimmer auf der linken Seite des Flures befand, wusste aber nicht, um welches Zimmer es sich bei dem rechts gelegenen handelte. Daher fragte ich sie, ob die Tür dieses Zimmers geschlossen sei. Sie bejahte es. Ich bat sie, die Tür zu öffnen. Irgendetwas war darin. Da sie nicht wusste, was dies sein konnte, zögerte sie zunächst. Ein Blick auf ihren friedlich schlummernden Hund ermutigte sie, den Flur entlang zu gehen und die Tür zu öffnen.

Sie schnappte nach Luft! Schließlich erzählte sie mir, dass ihre auf mysteriöse Weise verschwundene Halskette auf dem Boden lag. Da sie dieses Zimmer niemals betrat, wunderte sie sich, wie sie dort hingekommen sein konnte. Sie nestelte am Telefon herum, während ich mit ihrer Energie in Verbindung blieb, um die Sache abzuschließen. Einen Moment später sah und fühlte ich die wunderschöne blaue Energie der Madonna meine Freundin umhüllen. Sie meinte, sie habe gerade die Kette mit der wundertätigen Marien-Medaille wieder angelegt.

Nicht immer habe ich meine Fähigkeiten so wirkungsvoll einsetzen können. In diesem Buch werde ich berichten, wer geholfen hat und wie auch du vertrauensvoll mit der Geistigen Welt zusammenarbeiten kannst.

Einführung

Es gibt viele gute Bücher über Spiritualität und einige über Geistervertreibung oder über das, was wir heute als „Besetzungen" bezeichnen[*]. Es scheint vielen jedoch daran zu mangeln, diejenigen, die sich für „Spuk-Fälle" begeistern, über die Geistige Welt und ihre unterschiedlichen Bewohner aufzuklären. Der Versuch, mit einem Geist in Kontakt zu treten, mag solange spaßig sein, bis man einem böswilligen oder möglicherweise gefährlichen Geist begegnet.

Glücklicherweise gibt es Gruppen, die sich mit paranormalen Erscheinungen befassen und dafür ausgebildet sind, um ins Haus zu kommen und zu helfen. Obwohl einige Gruppen den Geist zu identifizieren und den Beweis seiner Anwesenheit zu erbringen vermögen, wissen die meisten nicht, wie sie den unerwünschten Gast vertreiben können. Sie sind in erster Linie darin geschult, ihn anhand von Geräten nachzuweisen. Man lehrt sie kaum, die Ätherwesen zu verstehen und auf welche Weise man schädliche Geister aus dem Haus verbannen kann. In diesem Buch soll gezeigt werden, wie man mit der Welt der Geister sicher in Kontakt zu treten und den Spuk wirkungsvoll zu vertreiben vermag.

Als ThetaHealing-Lehrerin lehre ich die Möglichkeiten, mit Geistern Verbindung aufzunehmen. Mein Hauptschwerpunkt

---

[*] Vgl. dazu: Silvia Stolzman, *Besetzungen*, Grafing 2015

13

liegt dabei auf dem Heilungsaspekt. Dazu gehört die Arbeit mit Geistern, die nicht ins Licht gegangen sind. Viele meiner Klienten suchen mich auf, wenn sie mit dem Verlust eines geliebten Menschen nicht fertig werden. Oft erscheint dieser während einer Heilsitzung. Ich erkenne, ob er Hilfe benötigt, um auf die lichte Seite zu gelangen, oder aber nur hereinschaut, um seine Liebe und Unterstützung anzubieten. Aufgrund meiner Fähigkeiten ist es mir oft gelungen, Häuser, in denen es spukte, zu reinigen. Ich habe mit mehreren Gruppen zusammengearbeitet, die erdgebundene Wesen erlösen. Im Laufe der Jahre hat man mich von überall aus der Welt kontaktiert, um in schwierigen Fällen zu helfen. Ich vermag dunkle Wesen zu vertreiben, mit denen sich viele Gruppen nicht befassen wollen. Es boten sich mir Gelegenheiten, entfernt gelegene Häuser zu säubern, mit Koma-Patienten in Kontakt zu treten, Tore energetisch zu schließen und dämonische Wesen für immer zu verjagen. Meine Fähigkeit, mit der Geisterwelt zu arbeiten, hat meine Arbeit als Medium und Heilerin weiterentwickelt.

Jeder besitzt solche Fähigkeiten. Es mag eine Weile dauern, die Feinheiten im Umgang mit der Welt der Geister zu erlernen. Dieses Buch weist den Weg, die Theta-Gehirnwelle zu nutzen, um mit der anderen Seite in Kontakt zu treten. Sich dem Wirken dieser Welt bewusster zu werden, wird es ermöglichen, ein Haus, in dem es spukt, zu reinigen und sich für die Kommunikation mit einem im Jenseits weilenden geliebten Menschen zu öffnen. Spirituelle Schulung wird das Verständnis schärfen und die Effizienz erhöhen, sowohl mit Spukgestalten als auch mit Geistwesen zusammenzuarbeiten. Die aus einem jahrelangen unmittelbaren Umgang mit dieser Sphäre erwachsenen Erfahrungen fließen in dieses Buch ein. Je besser du die Geistige Welt verstehst, desto sicherer wirst du werden, um dunkle Geister zu vertreiben und dein Heim frei von ihnen zu halten.

Jemanden, der mit der Geisteswelt kommuniziert, bezeichnet man als Medium. Ein Medium nimmt die Anwesenheit eines Geistwesens wahr und vermag physisch und mental mit ihm in Kontakt zu treten. Jeder Mensch besitzt das Potenzial, ein Medium zu werden. Ich glaube, ursprünglich sind wir alle offen für diese Fähigkeiten gewesen, haben uns aber im Laufe des Heranwachsens dafür verschlossen. Einige Medien bewahren sie von früher Kindheit an, während andere diese Gabe erst als Erwachsene entwickeln. Wir werden erkennen lernen, warum wir unsere Fähigkeiten versiegen lassen haben und wie wir uns wieder für die Geistige Welt, die uns umgibt, öffnen können.

Obwohl die meisten Medien rascheren Zugang zur Geistigen Welt finden als die Allgemeinheit, bedeutet dies nicht, dass sie Geistern zu helfen vermögen. Um ein Haus von Spukgestalten zu befreien, muss das Medium die inneren Mechanismen der jenseitigen Welten verstehen. Die meisten Medien sind in der Lage, eine Verbindung zu einem Dahingeschiedenen aufzubauen, erkennen aber oft nicht den Unterschied zwischen einem erdgebundenen Geist und einem Geist, der in die lichte Welt hinüberging. Sie wissen auch nicht wie sie der gefangenen Seele zum Übertritt verhelfen können. Dieses Buch wird die verschiedenen Energie-Formen, denen du begegnen magst, beschreiben und Hinweise geben, wie du dem jeweiligen Wesen helfen kannst.

Die zweite Kategorie, auf die wir bei der Arbeit mit der Geistigen Welt stoßen, sind die dunkleren Kräfte, die den Lebenden oft verheerenden Schaden zufügen. Wir werden darüber sprechen, wie sich diese Gestalten präsentieren und wie man sie leicht und sicher fortschicken kann. Vertraue mir. Wenn du in der Theta-Welle weilst, wirst du alle Arten von Geistern sehen. Sie existieren in den unterschiedlichsten Frequenzen und umschweben die Lebenden, ohne entdeckt zu werden. Bald wirst du in andere geistige Dimensionen blicken können, die bislang unsichtbar für dich gewesen sind. Beachte, dass du mit den in diesem Buch beschriebenen Techniken jede Art von Wesen fortzuschicken vermagst.

Im Laufe der Abhandlung werde ich mich auf meine Verbindung zum Licht beziehen und von „Gott" oder „Schöpfer" sprechen, was nicht aus irgendeiner religiösen Perspektive heraus geschieht. Wenn ich von meiner Verbindung zum Schöpfer spreche, wende ich mich an den Schöpfer *All Dessen, Das Ist* – an Gott. Ich beziehe mich nicht auf den Gott einer bestimmten Religion. Welcher Religion du angehörst, falls überhaupt irgendeiner, spielt keine Rolle. Jeder besitzt das göttliche Recht, sich mit dem Licht zu verbinden und Zutritt zu dem Schöpfer *All Dessen, Das Ist*, zu finden.

Um auf geistiger Ebene zu kommunizieren, Geister zu unterscheiden und erdgebundenen Seelen beim Übergang behilflich zu sein, werden wir uns der Theta-Welle bedienen, um Zugang zu höheren Lichtdimensionen zu gewinnen, die uns mit der Schöpferenergie verbinden. Falls dir dieses Thema völlig fremd sein sollte, sei beruhigt. Ich werde dir zeigen, wie man dorthin gelangt. Für diejenigen, die sich bereits mit der Lichtarbeit befassen, mag es sich um einen Schritt in höhere Ebenen handeln. Wenn du diese Energie anzapfst, wirst du nicht ausgelaugt werden, dich in dramatische Situationen verwickeln oder auf das Sichtbare beschränkt bleiben. Die geistige Kommunikation wird einfach und deine Botschaften werden klar sein. Um zu verstehen, warum die Theta-Heilungstechnik so wirkungsvoll ist, bedarf es eines Grundverständnisses der Gehirnwellen. In Kapitel zwei, „Das Licht", findet sich eine Erklärung.

Viele Menschen versuchen aus unterschiedlichen Gründen die Geistige Welt zu verstehen und mit ihr in Verbindung zu treten. Einige unter euch mögen einen geliebten Menschen verloren haben und mit ihm in Kontakt treten wollen. Manche leben vielleicht

16

in einem Haus, in dem es spukt. Andere mögen in einem paranormalen Forschungssteam arbeiten und ihre Fähigkeiten ausbauen wollen. Die Schwingung unseres Planeten hat sich verändert. Viele Menschen erleben paranormale Ereignisse und sehen zum ersten Mal Geistwesen. Es ist wichtig zu begreifen, dass uns diese Wesen schon immer umgeben haben, für das menschliche Auge aber bislang unsichtbar geblieben sind. Da sie jetzt von immer mehr Menschen wahrgenommen werden, wird immer häufiger von Spukgestalten gesprochen. Die Leute suchen verzweifelt nach Hilfe. Sei versichert, du verlierst nicht den Verstand. Atme tief durch und lies weiter, um zu lernen, wie du dein geistiges Umfeld säubern und dein Zuhause sicher erhalten kannst.

1

Augen weit offen

Fast mein ganzes Leben habe ich mit der Welt der Geister gearbeitet. Seit ich mich erinnern kann, hat sie mich in einzigartiger Weise fasziniert. Als Jugendliche bereiste ich Geisterstädte, überwältigt von der Traurigkeit über die verlorenen Seelen. Ich habe nicht immer Geister gesehen, aber stets ihre Anwesenheit gespürt. Als ich heranwuchs, begann ich, sie zu sehen und zu hören.

Ich wuchs in einer orthodoxen katholischen Familie auf. Wegen meiner Erfahrungen mit Geistern fürchtete ich, irgendetwas sei nicht in Ordnung mit mir. Einmal erzählte ich meiner Mutter von einem Geistwesen, das mich aufsuchte, nachdem ich um göttlichen Beistand gebetet hatte. Sie erwiderte mir, es handele sich wahrscheinlich um den Teufel in Menschengestalt. Ich wusste aber, dass der Geist ein Lichtbote war, da ich nach seinem Besuch absolute Klarheit bezüglich einer schwierigen Situation empfand, die ich gerade durchlebte. Trotzdem blieben die Worte meiner Mutter in mir haften, wie dies oft geschieht, wenn unsere Eltern uns irgendwelche Hinweise geben. Obwohl ich an dem, was ich in jener Nacht gesehen hatte, nicht zweifelte, zwang mich ihr Rat, die Geister zu unterscheiden lernen.

Die Hingabe meiner Mutter an Gott ließ sie sehr viel beten. Manchmal sprach sie davon, dass sie Engel wahrgenommen hatte oder von ihnen aufgesucht worden war. Die Begriffe *übersinnlich* und *Medium* wurden in unserem Haus nicht verwendet. Diesbezügliche Kommentare fielen meistens negativ aus. Ich wuchs mit dem Gefühl auf, dass ich diesen Teil von mir mit Sicherheit nicht akzeptieren wollte, solange ich nicht sicher sein konnte, dass er gut war. Stundenlang saß ich in der Bibliothek und untersuchte das Thema aus rein wissenschaftlicher Sicht. 1995 pilgerte ich nach Medjugorje. Dort begegnete ich einem Priester, der übersinnliche Fähigkeiten besaß. Wenn ein Beichtender absichtlich etwas ausließ, wies der Priester ihn darauf hin. Schließlich akzeptierte ich den Glauben, dass intuitive Gaben keineswegs etwas Böses sind, sondern man sie zum Wohle der Menschheit einsetzen sollte.

Es gab mehrere dunkle Perioden in meinem Leben, in denen ich mich völlig alleine und hilflos fühlte. Jedes Mal vernahm ich eindeutig eine Stimme, die mir vertraut zu sein schien, obwohl ich sie nicht kannte. Diese Stimme zu hören, veränderte die Dinge für mich, denn ich erkannte, dass ich niemals wirklich alleine war. Ich betrachtete die Stimme als den Ruf meines Schutzengels und wusste mich von der Geistigen Welt beschützt.

Bevor ich mich entschied, schwanger zu werden, hörte ich meine zukünftige Tochter aus der Geistigen Welt zu mir sprechen. Dies setzte mir hart zu, da ich mich damals in Scheidung befand und keinen Partner hatte. Sie sagte mir, ihr Name sei Alanna. Ich forschte nach und entdeckte, dass dieser Name „erwachen" bedeutet. Intuitiv wusste ich, dass ich durch sie erwachen würde, denn ich hatte vieles zu lernen, um ihr eine gute Mutter zu sein. Ich konnte ihre kostbare kleine Seele fühlen, die darauf wartete, empfangen zu werden, und wusste, dass sie mich umschwebte, bevor sie geboren wurde.

Während meiner Schwangerschaft musste ich sechs Wochen im Krankenhaus liegen und das Bett hüten. Ich nutzte diese Zeit, um mich mit meinem Baby zu verbinden, indem ich spirituelle Bücher und Gedichte las, während ich meinen dicken Bauch rieb.

Mein Fruchtwasserspiegel war gefährlich niedrig. Die Ärzte beobachteten unseren Fortschritt von Tag zu Tag. Während meines Krankenhausaufenthaltes führte ich Tagebuch. Interessanterweise nahm mein Fruchtwasser zu, wenn ich nach Hause gehen wollte, und sank, wenn ich im Krankenhaus zu bleiben gedachte. Damals bedeutete zu Hause für mich nicht ein fester Ort, weshalb ich die Krankenhausversorgung vorzog. Als das Kind mittels Kaiserschnitt schließlich zur Welt kam, untersuchten die Ärzte unseren Fall. Sie konnten keine physischen Anzeichen für meinen Zustand finden oder sich die Tatsache erklären, warum der Fruchtwasserspiegel je nach meinen Bedürfnissen fluktuierte. Wir blieben ein medizinisches Geheimnis.

Wir lebten im Westen, in der Wüste, in einem der Cottages meiner Großeltern, als ich begann, nächtliche Besucher in meinem Zimmer zu sehen. Ich wusste nicht, wer sie waren, warum sie kamen oder wie ich mein Baby vor ihnen zu schützen vermochte. Ich begegnete einer Frau, die mir empfahl, alles mit den Worten zu vertreiben: „Ich bin beschützt im Lichte Christi." Sobald eine Erscheinung in meinem Zimmer auftauchte, legte ich die Arme um mein Baby und wiederholte diese Worte, bis ich einschlief. Bald darauf zogen wir um, aber die Erfahrungen blieben. Ich sollte wohl alles über die Welt der Geister aus der Erfahrung lernen.

Ich erkannte, dass Alanna mit der Geistigen Welt verbunden war, was auch anderen Leuten auffiel. Wenn wir einkaufen gingen, kamen Frauen, um ihr über den Kopf zu streicheln, und baten, sie halten zu dürfen. Sie glich einem hellen Licht, das jeder berühren wollte. Manchmal schaute sie forschend ins Leere und reagierte, als ob jemand zu ihr sprach. Manchmal kicherte sie, als ob eine unsichtbare Großmutter ihren Bauch kitzelte. Ich spürte die geistige Energie, die meine Tochter umgab, konnte sie aber nicht sehen. Jede Nacht betete ich:

Engel Gottes, mein geliebter Schutzengel,
dem Seine Liebe mich hier anvertraut,
sei jeden Tag an meiner Seite,
um mich zu erleuchten, zu behüten,
zu lenken und zu führen.

Meine Tochter war achtzehn Monate alt, als wir eines Abends meine Mutter besuchten. Die Kleine hatte früh zu sprechen angefangen. Ich notierte alle Wörter und Sätze, die sie von sich gab, in ihrem Baby-Buch. Meistens handelte es sich um ein oder zwei Wortkombinationen. Es war geradezu unheimlich, als sie eines Nachts das gesamte Gebet wiederholte. Großmutter ging zu Bett, und ich fragte meine Tochter: „Was sagen wir vor dem Zubettgehen?" Ich dachte, sie würde ihre Augen schließen und den Kopf senken. Zu meiner Überraschung faltete sie ihre kleinen zarten Hände und sprach das gesamte Gebet, Wort für Wort, in ihrer Babysprache. Ich konnte es nicht fassen. Meine Mutter und ich hielten vor Überraschung die Luft an. Wie machte sie das? Es lief mir eiskalt über den Rücken. Ich war begeistert und entsetzt zugleich. Ich wusste, meine Tochter war von Engeln umgeben. Im Alter von drei Jahren erzählte sie mir von den anderen, die sie sehen konnte.

Wir lebten im Mittleren Westen, wo ich aufgewachsen war. Ich war alleinerziehend. Wir wohnten in vielen historischen Häusern meiner Heimatstadt. Alanna wusste manchmal Dinge, bevor sie geschahen, und pflegte mir mitzuteilen, wenn uns jemand besuchen wollte. Ich versicherte ihr, die von ihr erwähnte Person lebe mehrere Stunden weit entfernt und habe bestimmt nicht die Absicht, uns zu besuchen. Trotzdem malte sie ein Bild mit dem Namen des Besuchers und gab es mir. Sie hatte jedes Mal recht. Freunde und Verwandte, die außerhalb der Stadt wohnten, besuchten uns ganz überraschend.

Wir waren uns der geistigen Wesenheiten um uns herum bewusst und akzeptierten die seltsamen Dinge, die überall dort, wo wir lebten, passierten. Wir waren daran gewöhnt, nachts Stimmen zu hören, die sich unterhielten, oder Musik zu vernehmen, die nicht gespielt wurde. Antike Türgriffe drehten sich. Türen öffneten sich von alleine. Glühbirnen explodierten. Wir konnten Schritte hören, die leere Zimmer durchquerten. Manche Dinge schienen sich zu verselbstständigen und den Standort zu wechseln. Alanna spielte stundenlang in ihrem Zimmer, malte und unterhielt sich manchmal mit unseren unsichtbaren Gästen, die uns folgten, wenn wir umzogen. Oft erzählte sie mir von einem Mann, der sie in der Nacht aufweckte und am Fußende ihres Bettes stand. Einmal meinte sie: „Mama, wenn wir das nächste Mal umziehen, können wir dann bitte in einem Haus wohnen, in dem es nicht spukt?" Ich erklärte ihr, dass dies wohl nicht möglich sei, da sie die Dinge sah.

Ich erkannte, dass meine Tochter offener für die Geistige Welt war als ich und mehr sah, als ich es vermochte. Ich sehnte mich danach, ihre Fähigkeiten zu besitzen. Dieser Wunsch bildete den Anfang meines Weges, alles über die Geistige Welt in Erfahrung zu bringen. Als ihre Mutter war es meine Aufgabe, ihre Verbindung zu schützen und ihre natürliche Offenheit zu fördern. Ich wollte nicht, dass religiöse Dogmen oder gedankenlose Jugendliche sie veranlassten, an sich selbst zu zweifeln. Wenn sie Geistern begegnete, fragte ich diese sehr ruhig, ob sie unserer Hilfe bedürften. Alanna konnte mir Einzelheiten über das, was sie sah und was sie wollten, berichten.

Im Alter von vier Jahren erklärte meine Tochter dem Kindermädchen, sie könne ihre Schmerzen mit ihren magischen Händen heilen. An jenem Nachmittag rief mich das Kindermädchen aufgeregt an und meinte, man müsse sie auf der Stelle in der Universitätsklinik untersuchen: „Sie hat mich geheilt!" Sie litt unter Grand-Mal, begleitet von lähmenden Kopfschmerzen, die oft tagelang anhielten. Als meine Tochter ihr anbot, sie zu heilen, waren die Schmerzen innerhalb weniger Minuten verschwunden. Ich eilte sofort zu ihr und bat sie, darüber zu schweigen. Für uns war es völlig normal und natürlich, sich gegenseitig heilen zu können. Ich wollte meine Tochter nicht als Versuchskaninchen in die Hände von Leuten geben, die so etwas nicht verstanden. Ein Priester, der Heilkräfte besaß, meinte einmal, wir seien alle aufgerufen, uns gegenseitig zu heilen. Warum begegnete man einer vollkommen natürlichen Sache mit so viel Misstrauen?

Mit der Zeit, meine Tochter besuchte bereits die zweite Schulklasse, hatten wir gelernt, unsere Erfahrungen für uns zu behalten. Sie konnte immer noch Geistwesen sehen; ihre Klassenkameraden hingegen nicht. Während sie fröhlich mit ihren unsichtbaren Freunden und Engeln spielte, stieß sie bei anderen Kindern auf Unverständnis. Manchmal kam sie beunruhigt von der Schule nach Hause, weil ihre Mitschüler die wunderbaren Engel nicht sahen, die ihnen helfen wollten. Sie ärgerte sich darüber, dass sich ihre Schulfreundinnen der Engel nicht bewusst waren und konnte nicht verstehen, warum sich einige Kinder anderen gegenüber gemein verhielten. Viele dieser Kinder waren bereits von ihrer geistigen Verbindung losgerissen worden. Man hatte ihnen gesagt, dass nur das existiere, was man mit den Augen sehen könne. Da ich nicht wollte, dass meine Tochter ebenfalls ihre Verbindung zur Geistigen Welt verlor, beschlossen wir, unsere Erfahrungen nur unter uns, in der Geborgenheit unseres Zuhauses, auszutauschen. So hatten wir unsere eigene kleine geheimnisvolle Welt. Wir wussten, dass wir in unserer Zweisamkeit die Freiheit besaßen, vollkommen unter uns zu sein. Alles wurde angesprochen, was unserer Imagination und unserem geistigen Erwachen fruchtbaren Boden bereitete.

Ich war in meinen Dreißigern, als ich zum ersten Mal die geistige Gestalt eines Verstorbenen wahrnahm. Zu jener Zeit war ich mit einem älteren Witwer liiert. Unsere Beziehung stand noch in den Anfängen und war ziemlich eigennützig. Oft blieb er über Nacht in meinem Haus und schlich sich früh am nächsten Morgen nach Hause zu seiner Teenager-Tochter, die alleine war. Eines Morgens glitt er aus dem Bett, um nach Hause zu gehen, als ich in der offenen Tür meines Schlafzimmers seine verstorbene Frau stehen sah. Sie war wunderschön und leuchtete. Sie hatte langes braunes Haar und trug ein weißes Gewand. Obwohl ich kein Bild von ihr gesehen hatte, erkannte ich sie sofort. Ich erinnere mich nicht an Worte, wusste aber, dass sie mir in irgendeiner Weise die elterliche Aufgabe übertrug. Nach ihrem Besuch gaben wir unserer Beziehung eine neue Struktur und schlossen seine Tochter stets mit ein. Wir unternahmen zahlreiche familienorientierte Dinge mit unseren Kindern.

Verstorbene zu sehen, die sich um geliebte Hinterbliebene kümmern, ist verständlich, da die Liebe nicht mit dem physischen Tod endet. Erscheinungen dieser Art werden von den meisten Menschen unterschiedlicher Glaubensrichtungen akzeptiert und erwartet. Für mich war es das erste Mal.

Eines Nachts wachte ich auf und sah einen Mann an meiner Schlafzimmertür vorbeigehen. Sein Erscheinungsbild war nicht lichterfüllt. Es schien nicht göttlicher Natur zu sein wie jenes Lichtwesen, das ich erlebt hatte. Ich vermutete, dass es tatsächlich ein Mann war, der den dunklen Flur hinunterging. Alanna schlief neben mir. Vorsichtig glitt ich aus dem Bett, um dem Eindringling entgegenzutreten. Als Alleinerziehende musste ich meine Tochter beschützen, auch wenn ich mich ängstigte. Als ich um die Ecke bog, verschwand der Mann. Ich durchsuchte die gesamte Wohnung. Alle Fenster und Türen waren verschlossen. Als ich mich schließlich wieder in mein Bett legte, erkannte ich, dass ich ein Geistwesen gesehen hatte. Dieser Geist tauchte jede Nacht auf, huschte an meiner Schlafzimmertür vorbei und verschwand schließlich. Wenn ich zur Toilette gehen musste, wartete ich in der Dunkelheit darauf, dass er vorbeiging, ehe ich den dunklen Flur entlang lief. Er machte keine Anstalten, sich zu unterhalten. Doch einem Uhrwerk gleich, erschien er jede Nacht.

Die meisten unserer Freunde wussten nichts von unseren Erlebnissen. Schließlich fühlte ich mich veranlasst, zur Bestätigung eine paranormale Untersuchungsgruppe zu rufen. Sie nahmen zahlreiche ESP (elektronische Stimmenphänomene) auf und fotografierten viele auffallende Besonderheiten. Die Geschichte unseres Spukhauses füllte die Titelseite der *St. Paul Pioneer Press* und wurde in ein Buch über Spukgestalten der Umgebung aufgenommen.

Nach der Untersuchung schien im Haus die ungewöhnliche Aktivität zuzunehmen. Wir hatten mit den Geistern bisher stets friedlich zusammengelebt, nun aber kam mir der Gedanke, dass sie möglicherweise verzweifelt nach Hilfe suchten. Ich begann meine Nachforschungen und stellte fest, dass unser Haus auf einem Armenfriedhof aus dem 19. Jahrhundert errichtet worden war. Ein Mikrofilm darüber wurde in der Bibliothek aufbewahrt. Ein Historiker half mir, Zeitungsartikel zu durchforsten, bis wir fanden, wonach wir suchten. Der Artikel besagte, dass sich die Ortsbewohner ereifert hatten, als man an dieser Stelle zu bauen begann, ohne die sterblichen Überreste umzubetten. Einige unserer Nachbarn hatten beim Bau eines Pools sogar Grabsteine gefunden.

Wir beschlossen, das Untersuchungsteam erneut kommen zu lassen, um gemeinsam den hier gefangenen Geistern auf die andere Seite zu verhelfen. Während wir diese hinüberschickten, fingen wir verschiedene Stimmen auf, die riefen: „Ich liebe dich", „Wir lieben dich" und „Alanna". Den Namen meiner Tochter aus der Geistigen Welt rufen zu hören, beunruhigte mich ein wenig. Andererseits wusste ich, dass sie uns vertraut waren und lange versucht hatten, mit ihr zu kommunizieren.

Ich betrachtete meine Erfahrung mit der Geistigen Welt als etwas, das mir einfach passierte, nicht als etwas, was ich tat. Ich wusste nicht, dass ich lernen konnte, zielgerichtet mit ihr zusammenzuarbeiten. Dies änderte sich, als ich meinen besten Freund verlor. Sein Tod erschütterte mich zutiefst. Allein die Zeichen, die er mir aus der anderen Welt zukommen ließ, hielten mich am Leben. Eines Nachts hatte ich einen bewegenden Traum. Wir fuhren mit dem Boot auf einem Fluss. Der Wind strich durch meine Haare. Es versetzte mich in Hochstimmung, wieder Zeit mit meinem Freund zu verbringen. Dann bot er mir an, mit ihm zu gehen. Ich erkannte, dass ich die Wahl hatte, auf der Erde zu bleiben oder ihm in die Geistige Welt zu folgen. Sofort dachte ich an meine Tochter und erklärte, ich bliebe auf der Erde. Alanna war von Anfang an meine erste Wahl gewesen. Kaum hatte ich die Worte ausgesprochen, fegte erneut ein Windstoß durch mein Haar. Diesmal veränderte er die Traumszene. Ich saß am Flussufer mit meiner Tochter im Schoß. Sie war wieder jung. Sanft plätscherte das Wasser. Ich erzählte ihr von meiner Entscheidung. „Oh, Mama! Du hättest mit ihm gehen sollen. Mit ihm hättest du viel mehr Freude gehabt", meinte sie. „Du hast stets an erster Stelle gestanden", erwiderte ich. „Aber schließlich habe ich den Wind in meinen Haaren gespürt." Tränenüberströmt wachte ich auf. Sein Geist glich dem Wind, der Leben in die Regungslosigkeit blies. Seine Vitalität und Lebensfreude wirkten auf jeden ansteckend, der ihn kannte. Oft fühlte ich mich mit ihm lebendiger als jemals zuvor.

Ich begann zu verstehen, dass mich mein bester Freund nicht verlassen hatte, als er auf die andere Seite ging, denn er schenkte mir immer wieder Zeichen seiner Nähe. Wir begegneten uns weiterhin in meinen Träumen. Er vermochte Dinge zu verrücken und erschien einmal auf einem Foto. Meine Sehnsucht, mit ihm in Kontakt zu bleiben, veranlasste mich, mehr über die Kommunikation mit der anderen Seite in Erfahrung zu bringen. Ich erkannte, dass ich meine Fähigkeiten entwickeln und jene Aspekte in mir, die ich fürchtete, entfalten musste, um zu heilen.

Mit einem geliebten Verstorbenen zu kommunizieren, war neu für mich. Ich wusste, es war an der Zeit, dies zu lernen. Ich nahm Unterricht. Wann immer es die Zeit erlaubte, arbeitete ich an meiner spirituellen Entwicklung. Als meine kleine Schwester einige Jahre später starb, sah ich mich veranlasst, meinem Leben eine völlig neue Richtung zu geben. Trotz meines geschäftlichen Erfolges blieb kaum Zeit für meine geistige Entfaltung. Ich fühlte mich unausgeglichen und sehnte mich nach einer engeren Verbindung mit meiner Schwester. Ihr Tod ließ mich stundenlang meditieren und beten. Ich wusste, dass ich mein Leben vollkommen umkrempeln musste. Ihr Geist schien mich zu drängen, das zu tun, was ich liebte und wozu ich hierhergekommen war.

Der erste Kurs zur Ausbildung als Medium vertrieb alle meine Ängste. Mein Lehrer und Mentor erwies sich als sehr weise, da er mir half, nicht das Ego zu pflegen. Er starb etwa ein Jahr nach unserer ersten Begegnung und schien seinen Unterricht von der anderen Seite aus weiterzuführen. Danach hüpfte ich von Kreis zu Kreis, von Kurs zu Kurs, um meine spirituelle Entwicklung fortzusetzen, konnte aber nichts Geeignetes finden. Einmal vertraute ich einer Lehrerin an, dass ich gerne Geister „sehen" wollte. Sie erwiderte: „Niemand sieht Geister, da es sich dabei nur um Energie handelt. Es ist nicht wie in der TV-Serie *Ghost Whisperer*." Ich konnte nicht verstehen, warum sie mich so herablassend behandelte. Ich *hatte* Geister gesehen, sowohl jene, die die andere Seite erreicht hatten, als auch solche, die in der Erdatmosphäre gefangen blieben. Ein Lehrer, der zugegebenermaßen noch niemals einen Geist gesehen hatte, würde mich nichts lehren können. Ich hielt also weiterhin Ausschau.

Dann veränderte sich alles für mich. Ich entdeckte eine Heilweise, die sich ThetaHealing nannte und hielt, was sie versprach.

Plötzlich waren mir Dinge möglich, auf die ich gehofft hatte. Gleich in der ersten Klasse vermochte ich mit meinen inneren Augen zu schauen und zu erkennen, welche Art von Geistern sich im Raum befand. Fühlte ich mich „blockiert", gelang es mir, die Ursache herauszufinden und sofort auszuräumen. Mithilfe dieser Technik konnte ich viele meiner Überzeugungen und Ängste in Bezug auf die Geistige Welt ausmerzen und Klarheit gewinnen.

Im Laufe meiner Heiltätigkeit nahm die Klarheit meiner Visionen zu. Manchmal spürte ich, dass mein Klient in Begleitung eines verstorbenen Angehörigen kam, noch ehe sich dieser in der Sitzung zeigte. Nahm ich mir einen Moment Zeit, erkannte ich im Voraus, um wen es sich handelte. Manchmal nahm ich sie intuitiv während der Heilsitzung wahr. Ich sah, dass die Geister, die meinen Klienten begleiteten, ebenfalls geheilt wurden.

Wenn sich im Laufe der Behandlung der Geist eines Verstorbenen zeigte, setzte ich meinen Klienten davon in Kenntnis. Manche Klienten bitten um die Anwesenheit eines dahingeschiedenen Angehörigen oder Freundes, damit er meine Heilungsarbeit unterstützen möge. Kann ich die Anwesenheit bestätigen, betrachten sie es als Beweis. Andererseits wollte ich meine Fähigkeit fördern, Geister nachweisen zu können. Hin und wieder versuchte mein Ego, mich daran zu hindern. Ich pflegte mich dann zu fragen: „Für wen hältst du dich? Du kannst im Grunde genommen gar nicht mit Geistern reden." Ich sah darin Angst, die Angst zu versagen. Wie fast immer in meinem Leben, beschloss ich, sie eben aus diesem Grunde in Angriff zu nehmen.

Nachdem ich mithilfe der Theta-Heilungstechnik meine auf Angst basierenden Ansichten beseitigt hatte, begann ich, mit einem angesehenen Medium zu arbeiten. Da sich seine Zirkel zur spirituellen Entfaltung nicht in meinen Zeitplan einfügen ließen, erklärte er sich bereit, alleine mit mir zu arbeiten. Gleich beim ersten Mal setzte er mich auf den Schleudersitz und forderte mich auf, als Medium zu agieren. Dies war genau das, was ich brauchte. Er beobachtete mich, als ich mich über die Theta-Gehirnwelle mit dem Licht verband, und erlaubte mir, ihm eine geistige Botschaft zu übermitteln. Da mich die meisten Informationen in Form von Gefühlen und Empfindungen erreichten, gab er mir eine Visualisationstechnik zur Klärung meiner Vision. Er erklärte, ich hätte Kontakt zu einem Geist aufgenommen und sollte ihm von Nutzen sein. Ich sollte mir vorstellen, mit diesem Einkaufen zu gehen, um herauszufinden, welche Art von Kleidung er bevorzugte. Sobald ich dies herausgefunden hätte, könnte ich ihn deutlich sehen, ohne den Druck, ihn direkt sehen zu wollen. Er forderte mich auf, Kontakt zu einem anderen seiner Vorfahren aufzunehmen und das Reading als eine Art Hilfestellung vorzunehmen. Diese Vorgehensweise wirkte so gut, dass selbst er überrascht war, mit welcher Klarheit ich den Vorfahren heraufbeschwor. Nach der Sitzung empfahl er mir, zu Hause mithilfe dieser Technik für eine andere Person ein Reading durchzuführen.

Ich ging geradewegs nach Hause und setzte mich in mein Behandlungszimmer, um an meinen medialen Fähigkeiten zu arbeiten. In dem Moment, in dem ich mich niederließ, erkannte ich, dass ich nicht wusste, mit wem ich hätte arbeiten können. Die erste Person, die mir in den Sinn kam, war eine enge Freundin, die ich fast ein Leben lang kannte. Da sie arbeitete, beschloss ich, Kontakt zu einem ihrer Vorfahren aufzunehmen und alle Informationen, die ich erhielt, niederzuschreiben, um sie zu einem späteren Zeitpunkt überprüfen zu können. Ich erhob mich zum Licht und kontaktierte einen ihrer Ahnen. Augenblicklich erschien ein älterer Mann. Er zeigte sich in Szenen, in denen er sehr viel jünger und wahrscheinlich recht stolz auf sich selbst gewesen war. Er trug eine Bomberjacke und sah recht gut aus. Mit Szenen aus seinem Leben wollte er mir vermitteln, dass er glaubte, seine Tochter im Stich gelassen zu haben. Intuitiv wusste ich, dass es sich um den Großvater meiner Freundin handelte. Er hatte das Gefühl, bei seiner eigenen Tochter versagt zu haben und nicht genügend für sie dagewesen zu sein. Er gab sich die Schuld für die Schwierigkeiten in ihrem Leben. Als er mir all dies erklärt hatte, wurde er ruhiger. Es war, als wolle er sich vergewissern, dass ich aufmerksam zuhörte. „Wenn die Zeit gekommen ist, werde ich für sie da sein." Er wollte sicherstellen, dass sie dies wusste.

Ich leitete die gesamte Botschaft an meine Freundin weiter. Die meisten Aussagen trafen zu, auch seine Kleidung. Am nächsten Tag rief sie ihre Mutter an und las ihr die Botschaft vor. Die Mutter war in der Lage, alle Einzelheiten zu bestätigen.

Die Mutter meiner Freundin war jahrelang krank gewesen. Trotz ihrer Krankheit erwartete niemand ihren baldigen Tod. Einen Tag nachdem sie die Botschaft aus der Geistigen Welt empfangen hatte, schied sie friedlich aus ihrem irdischen Dasein. Als meine Freundin mich aufgeregt anrief, vermochte sie nur zu sagen, dass ihre Mutter allein gestorben sei. Sie machte sich große Vorwürfe, nicht bei ihr gewesen zu sein.

Ich fühlte ihren Schmerz. Ein Augenblick der Stille umgab mich, als ich die Nachricht erhielt. Ihre Mutter war eine besondere Person in meinem Leben gewesen. Sie hatte mich oft aufgenommen, wenn ich nicht wusste, wohin ich gehen sollte. Das Telefon klingelte erneut. Ich war erleichtert. Es war wieder meine Freundin. Diesmal klang ihre Stimme ruhiger. „Sie starb nicht allein. Mein Großvater war bei ihr. Danke für die Botschaft, die du uns gegeben hast. Sie allein schenkt mir im Moment Frieden." Schweigen... In diesem Moment erkannte ich das Mysterium und die Magie der Geistigen Welt und das Besondere daran, dass ich Teil dieser Botschaft und der Heilung sein durfte.

Endlich vermochte ich mit der Geistigen Welt sinnvoll zusammenzuarbeiten. Ich lernte, Verbindung zu einem Geist aufzunehmen und eine Botschaft zu empfangen. Meine geistigen Augen waren weit geöffnet. Ich bin überzeugt, dass diese Fähigkeit in jedem von uns schlummert. Vielleicht hast du begonnen, Dinge zu erfahren, die du nicht zu erklären vermagst. Im nächsten Kapitel werde ich dir eine Technik an die Hand geben, mit deren Hilfe du zuversichtlich und sinnvoll Zugang zur Geistigen Welt finden wirst.

2

Das Licht

Du möchtest also Geister sehen und mit der jenseitigen Welt kommunizieren, weißt aber nicht, wo du anfangen sollst? Wahrscheinlich hast du bereits mit gewissem Erfolg zu meditieren versucht, viele Bücher gelesen, die Arbeit berühmter Medien verfolgt und Kurse zur spirituellen Entwicklung besucht. Sollte dies nicht der Fall sein, solltest du aber auf die nächste Einweihung warten oder einen Quantensprung erhoffen, kann ich dir vielleicht Zeit ersparen!

Obwohl es zutrifft, dass auch ich diese Stufen durchlaufen habe, machten sie mich nicht zu dem, was ich heute bin. Ich will dir einen Weg zeigen, der von deinen bisherigen Bemühungen, deine Fähigkeiten zu entwickeln, abweicht. Er ist direkt und für jedermann zugänglich. Das ThetaHealing und der Gebrauch der Theta-Gehirnwelle halfen mir, mich augenblicklich und zielgerichtet mit der Geistigen Welt in Verbindung zu setzen. Obwohl das ThetaHealing sich darauf konzentriert, Glaubensvorstellungen auszuräumen, benötigst du keinen Unterricht oder musst Therapeut werden, um die in diesem Buch beschriebenen Techniken auszuüben. Ich werde dir zeigen, wie du die Theta-Gehirnwelle alleine erreichst. Denjenigen, die ThetaHealing-Therapeuten werden wollen, stehen überall auf der Welt entsprechende Seminare zur Verfügung.

Ehe wir fortfahren, möchte ich auf die einzelnen Gehirnwellen eingehen und erklären, warum die Thea-Welle so machtvoll ist. Meine „Straßenkarte zum Licht" wird dir helfen, zu dieser Gehirnwelle vorzudringen.

Im Grunde genommen gibt es fünf Frequenzen:

- **Beta** – wenn du denkst, sprichst oder tätig bist, befindet sich dein Gehirn in der Beta-Welle. Wahrscheinlich weilst du im Moment in dieser Gehirnwelle, deren Frequenz 18-28 Zyklen pro Sekunde beträgt. Die meisten von uns sind den größten Teil des Tages aktiv und wach im Beta-Bereich.

- **Alpha** – Viele Leute, die meditieren oder heilerisch tätig sind, werden mit der Alpha-Welle vertraut sein. Sie schwingt langsamer als die Beta-Welle. Ihre Frequenz beträgt 2-14 Zyklen pro Sekunde. Im Zustand der Entspannung, des Tagträumens oder einer Form der Heilbehandlung (wie Reiki) befindest du dich im Bereich der Alpha-Welle,

- **Theta** – Die Theta-Gehirnwelle schwingt mit einer Frequenz von 4-7 Zyklen pro Sekunde noch langsamer als die Alpha-Welle. Man erlebt sie in einem Zustand tiefster Entspannung, während der Hypnose oder des Traumzustandes. Gewöhnlich besitzen nur Weise, tibetische Mönche oder Schamanen aufgrund stundenlanger Meditation und langer Fastenzeiten Zugang zu dieser schlafenden Gehirnwelle. Auf die Vorteile, die der Gebrauch dieser Gehirnwelle mit sich bringt, werde ich an späterer Stelle näher eingehen.

- **Delta** – Im Tiefschlaf befindest du dich in der Delta-Gehirnwelle. Sie sinkt auf eine Frequenz von 0-4 Zyklen pro Sekunde ab.

- **Gamma** – Hierbei handelt es sich um die Gehirnwelle höheren Lernens, mentaler Aktivität und einem hyper-wachen Zustand zur Verarbeitung von Informationen. Die Frequenz der Gamma-Welle kann bis zu 40 und mehr Zyklen pro Sekunde betragen.

Obgleich wir täglich alle Gehirnwellen nutzen, können wir uns dazu erziehen, bestimmten Wellen den Vorrang zu geben. Mithilfe der Theta-Welle können wir unseren unterbewussten Geist neu programmieren. Lange Zeit hat man diese Welle mit höheren Bewusstseinsebenen, höheren Dimensionen und inneren Visionen in Verbindung gebracht. Der schamanische Bewusstseinszustand wird über die Theta-Welle erreicht und lässt in höhere Ebenen und Wirklichkeiten gleiten. Es ist möglich, durch fortwährendes rhythmisches Trommeln in der Schwingungsrate der Wellen eine Theta-Welle auszulösen. Die Gesänge der tibetischen Buddhisten lassen die Mönche in höhere Bewusstseinszustände gleiten, wenn sie diesem Rhythmus folgen. Die Theta-Meditation regt die Kreativität an, vermindert Stress, weckt die Intuition und öffnet das Tor zu etwas, das viele Leute als „übersinnliche" Fähigkeiten betrachten. Mystiker bedienen sich bisweilen der Theta-Welle für Spontanheilungen. Der Zugang zu dieser Gehirnwelle bedeutet die unmittelbare Führung aus der Quelle.

Die Erfinderin der ThetaHealing-Technik, Vianna Stibal, lehrte, dass man sein Gehirn trainieren könne, auf Befehl die Theta-Welle unmittelbar zu erreichen. Mittels Enzephalographie oder EEG (Messung der Gehirnwellen) konnte sie die Effizienz dieser Technik nachweisen. 2006 stolperte ich in einen ThetaHealing-Kurs, der meine Fähigkeiten augenblicklich steigerte. Trotz mehrstündiger Meditation hatte ich einen solchen euphorischen Zustand noch niemals zuvor erreicht. In dem Bemühen, das zu erreichen, was mir nun sofort gelang, schien ich kostbare Zeit verloren zu haben. Dies bedeutete jedoch nicht, alles bisher Erlernte zu missachten, da es in diesem veränderten Zustand ebenfalls eine Rolle spielte.

Unter Einsatz dieser Gehirnwelle konnte ich Berge versetzen, anstatt das Gefühl zu haben, sie ständig zu erklimmen. Mittels der ThetaHealing-Technik gelang es mir, mein Unterbewusstes zu erreichen und die auf Angst basierenden Programme, die mich zurückhielten, umzupolen. Es gelang mir, mein Glaubenssystem umzuprogrammieren und meinen bewussten Überzeugungen anzugleichen, was Themen des Kampfes auslöschte. Je häufiger ich das ThetaHealing einsetzte, um Klarheit zu gewinnen, desto mehr Licht und Wahrheit vermochten mich zu erreichen. Nach meiner Erfahrung handelt es sich um die einfachste und schnellste Methode, zu heilen und sich spirituell zu entwickeln.

Der Weg, die Theta-Gehirnwelle zu erfahren, ist denkbar einfach. Die meisten Leute können diesen Zustand sehr rasch erreichen und bewusst darauf zurückgreifen. Manchen mag es schwerfallen; aber mit ein wenig Ausdauer wird es auch ihnen gelingen. Die meisten kleinen Kinder verbringen viel Zeit in diesem Zustand, was erklärt, wieso viele von ihnen die natürliche Fähigkeit besitzen, Geistwesen zu sehen. Auf der Ebene der Thetawelle fühlt man sich mit der gesamten Schöpfung verbunden. Dieser Zustand erfüllt einen mit Euphorie und Energie sowie mit größerer geistiger Klarheit als zuvor. Man fühlt und weiß, dass man mit allem eins ist, ohne Trennung. Aus dieser Gehirnwelle heraus vermag ich mit der Geistigen Welt zu kommunizieren.

Mittels einer einfachen Strategie lässt sich über die Thetawelle das Licht erreichen. Dazu musst du dein Bewusstsein über das Kronen-Chakra erheben. Sprichst du dabei das Wort „Gott" (oder „Schöpfer"), gleitet dein Gehirn in den Thetawellen-Bereich. Dabei spielt es keine Rolle, ob deine Überzeugungen religiöser oder spiritueller Terminologie sind. Dieser Prozess wirkt bei jedem, der in irgendeiner Weise an eine höhere Macht glaubt.

Wenn du die Thetawelle nutzt, wirst du dir bis dahin ungewohnte Dinge erfahren. Das Wissen, sich mit der Geistigen Welt verbinden zu können, mag einen dramatischen Paradigmenwechsel auslösen. Ja, du kannst tatsächlich ein Medium werden. Du kannst mit den Engeln zusammenarbeiten und deine Lieben auf der anderen Seite aufsuchen. Du musst nicht in abgelegenen Bergregionen bei einer Zigeunerfamilie aufgewachsen sein, um die Gaben einer langsameren Gehirnwelle zu nutzen. Die Wissenschaft beginnt, die Dinge zu verstehen, die einst als unerklärbar betrachtet wurden und die jahrhundertealten Missverständnisse in Bezug auf die Geistige Welt aufzuklären. Der Durchschnittsmensch findet Zugang zu den höheren Dimensionen, wenn er bereit ist, seine Fähigkeiten zu entfalten. Es gibt verschiedene Methoden, um sich mit dem Licht in Verbindung zu setzen, sein Gehirn zu trainieren und den geistigen Blick zu fokussieren. Ich werde eine Methode aufzeichnen, mit der ich selbst gute Erfahrungen mache.

„Fahrplan zum Licht"-Technik

Lasse dich an einem bequemen Platz nieder, wo du ungestört bist. Schließe die Augen. Atme tief ein und durch den gespitzten Mund wieder aus. Einige tiefe Atemzüge werden dir helfen, dich zu sammeln und zu erden. Stelle dir vor, du bist mit Mutter Erde verbunden und in der physischen Welt verankert. Siehe eine wunderbare Energie aus dem Erdinneren aufsteigen und in dich hineinfließen. In deinen Füßen beginnend, wirst du diese Energie durch deinen Körper aufsteigen und alle deine Chakras anregen und öffnen fühlen. Sollte ein Chakra verschlossen bleiben, wird es schwierig sein, sich richtig mit dem Licht zu verbinden.

Stelle dir vor, wie sich die einzelnen Chakras zu drehen, zu öffnen und auszubalancieren beginnen, wenn die Energie sie erreicht. Du solltest darum bitten, dass deine Energiezentren in deiner höchsten und besten Weise tätig sind, damit du nicht unabsichtlich Veränderungen vornimmst, die dich aus deinem Energiesystem werfen könnten. Die Bitte, alles möge in höchster und bester Weise geschehen, schiebt unser Ego beiseite und lässt den Schöpfer etwas geben, das weitaus besser ist als das, was wir erbeten haben.

Hast du dich erst einmal an den Prozess gewöhnt, wird es dir gelingen, die Theta-Gehirnwelle binnen Sekunden zu erreichen. Während des Lernprozesses solltest du dir Zeit lassen. Der Vorgang wird sich aufgrund der Wiederholung von selbst beschleunigen. Stelle dir vor, wie sich jedes Chakra im Uhrzeigersinn dreht, beginnend mit dem Wurzel-Chakra (an der Wirbelsäulenbasis), über das Sakral-Chakra (unmittelbar unterhalb des Nabels), das Solarplexus-Chakra (oberhalb des Nabels im Magenbereich), das Herz-Chakra (Brustbein oder Brustkorb), das Kehlkopf-Chakra (Kehlkopf), das dritte Auge (Stirnmitte) bis zum Kronen-Chakra (Scheitel). Du kannst die Hand auf jedes einzelne Chakra legen und mit der Handinnenfläche fühlen, wie es sich gleich einer Blume öffnet. Wenn du sicher bist, dass alle Chakras geöffnet sind und richtig funktionieren, magst du fortfahren.

Stelle dir vor, du erhebst dein Bewusstsein über dein Kronen-Chakra hinaus, bis du Licht visualisierst. Bist du aufgrund einer anderen Übung einen ähnlichen Weg gegangen, magst du zu diesem Licht bereits Kontakt aufgenommen haben. Fahre dennoch fort. Es liegt noch mehr Licht vor dir. Stelle dir vor, du erhebst dich in immer höhere Lichtwelten, bis du ein reines, schimmerndes weißes Licht erreichst. Wenn du in dieses Licht eintauchst, mögen deine Augenlider leicht zu flattern beginnen. Geschieht dies nicht, musst du noch weiter hinauf.

Das sanfte Zucken der Augenlider ist ein Zeichen dafür, dass du die Thetawelle erreicht hast. Wenn du träumst, befindest du dich in der REM (rapid eye movement)-Phase, das heißt, der Theta-Gehirnwelle. Befindest du dich im Wachzustand in der Thetawelle, werden deine Augenlider leicht flattern, und du wirst reines weißes Licht visualisieren.

Es mag einiger Übung bedürfen, die Ebene der Theta-Gehirnwelle sofort zu erreichen und beliebig lange aufrechtzuhalten. Sobald man sich mit dieser Ebene zu verbinden weiß, wird sich das Gehirn daran erinnern und den Prozess beschleunigen.

Dies ist die Schöpfungsenergie, die manche Menschen Gott oder den Schöpfer nennen. Dies ist die Ebene, auf der du dich mit dem Licht verbindest und deine Vorhaben eindeutig festlegst. Die ThetaHealing-Technik leitet einen Befehlsprozess ein, der dem Gehirn signalisiert, dass dies geschehen wird. Wir hören auf zu bitten, dass etwas geschehen soll, oder zu hoffen, dass etwas geschehen wird. Wenn wir mit der Schöpfungsenergie in Verbindung stehen, agieren wir auf der höchsten Ebene unseres Potenzials als Mitgestalter. Um Geister zu sehen, wirst du aus dieser Verbindung heraus schweigend gebieten:

Schöpfer, in Deinem Namen möge ich,
jetzt (Name des Verstorbenen) *sehen*
und mit ihm Kontakt aufnehmen.
Danke.

Wie du die höchste Schöpfungsenergie benennen willst, bleibt dir überlassen. Entscheidend ist, das Höchste mit dem höchsten Licht zu verbinden, ohne sich auf einen Führer zu stützen. Dieses Licht, das es dir ermöglicht, mit dem höchsten Licht Verbindung aufzunehmen, existiert in dir. Der Befehl vermittelt deinem eigenen Gehirn, das DIES GESCHEHEN WIRD und beseitigt die Blockaden, derer sich das Ego bedient, um uns begrenzt oder voller Zweifel zu fühlen.

Siehe dich nun aus diesem schimmernden weißen Licht nach unten gleiten und mit geschlossenen Augen auf die Energie vor dir konzentrieren. Du magst diesen Geist als Hologramm oder als Seelenlicht wahrnehmen. Beides ist in Ordnung. Deine Energie bleibt mit dem Schöpfer verbunden, aber du musst dich auf eine niedrigere Ebene, auf der die Welt der Geister existiert, begeben. Gott oder der Schöpfer ist die höchste Energie der Schöpfung. Sich mit dieser zu verbinden, ermöglicht es, sich augenblicklich der Thetawelle zu bedienen. Du kannst auf *Befehl* sogar mit deinen Engeln, geistigen Führern oder anderen Meistern sprechen. Bei einem *Befehl* handelt es sich um eine eindeutige Absicht.

Verweile eine Zeitlang, um dich daran zu gewöhnen, die Thetawelle einzusetzen. Je häufiger du diese Ebene aufsuchst, desto einfacher wird es werden, dich in Zukunft in diesen Zustand zu versetzen. Es bedarf keiner stundenlangen Meditationen. Wenn das Gehirn weiß, wohin du willst, wird es einfach sein.

Im Folgenden werden wir uns über die Thetawelle mit dem Licht verbinden. Mittels dieser Verbindung können wir mit Geistwesen und Erdgebundenen kommunizieren, ihnen auf die *andere Seite* helfen oder unerwünschte Erscheinungen verbannen.

Im Laufe meiner jahrelangen Erfahrung habe ich herausgefunden, dass die wirkungsvollste Weise im Umgang mit der Geistigen Welt darin besteht, sich der Theta-Gehirnwelle und einfacher Befehle zu bedienen. Danke stets Gott und der Geistigen Welt. Dankbarkeit trägt dazu bei, dein Herz für die geistige Kommunikation empfänglich zu machen.

3

Was sind Geister?

Die geistige Welt ist ein Teil der physischen Welt, in der wir leben. Wir sind fortwährend von geistigen Wesen umgeben, ungeachtet dessen, ob wir sie wahrnehmen oder nicht. Seit jeher gibt es Berichte über ihren Anblick. Worum handelt es sich dabei und warum sind sie hier? Warum können nur gewisse Leute sie sehen? Was wollen sie? In diesem Kapitel werden wir erfahren, was es mit den Geistererscheinungen auf sich hat und was dies für die jenseitige Welt bedeutet.

Zunächst bedarf es der Entscheidung. Wenn jemand stirbt, verlässt der Geist dieser Person seinen physischen Körper, der als seine Behausung diente, und ist nicht länger an eine physische Existenz gebunden. In den meisten Fällen bleibt er in der Nähe, um an seinem eigenen Begräbnis teilzunehmen. Während dieser Periode besucht er oft seine Familie und seine Freunde, weshalb viele Leute berichten, sie hätten ihre Verstorbenen gesehen. Der Geist hält die Verbindung zum Schöpfer über die sogenannte „Gottesschnur" aufrecht. Diese Lichtschnur, die sich aus dem Kronen-Chakra zu Gott erhebt, ermöglicht es dem Geist, jederzeit in die lichte Welt einzutreten. Intuitiv veranlagte Menschen können sie sehen. In der antiken Kunst wurde sie durch den Heiligenschein symbolisiert.

Jeder lebende Mensch besitzt eine solche Lichtschnur, die je nach seiner Entwicklung strahlend oder matt erscheint. Durch diese Schnur bleibt der Geist mit den himmlischen Sphären verbunden, was ihm den Übergang ins Licht erleichtert. Gewöhnlich werden sie dort von geliebten Menschen, die vor ihnen hinübergingen, empfangen und ins Licht begleitet, wo sie geduldig auf ihre Lieben warten, bis sie schließlich alle vereint sind.

Auf der anderen Seite geht das Leben weiter. Der Geist kann lernen, gesunden und sich auf diese Weise fortentwickeln. Manchmal beschließt ein Geist, eine Zeitlang bei einer in der physischen Welt lebenden Person zu verweilen, um ihr zu helfen. Dies kann für beide heilsam sein und hat nichts mit Spuk zu tun. Während sich der Geist im Licht der anderen Seite weiterentwickelt, erhöht sich seine Frequenz. Er erhebt sich in höhere Lichtebenen. Dies ist der normale Weg, den ein Geist nach dem Tode nimmt. Aber nicht jeder Geist geht sofort ins Licht. Unmittelbar nach dem Tode verfügt er auch weiterhin über den freien Willen. Innerhalb von neun Tagen nach dem Tode kann er sich entscheiden, der Lichtschnur zu folgen. Nach dem neunten Tag schließt sich das Fenster dieser Möglichkeit vorübergehend. Unsere Fähigkeit, in eine höhere Schwingungsebene (Geistige Welt) aufzusteigen, mag sich auf Öffnungen in dem natürlichen Gittersystem der Erde beschränken. Man kann es mit dem *Raum-Zeit-Fenster* vergleichen, auf das die NASA achtet, wenn sie eine Raumfähre ins All schickt. Unser Geist verfügt über ähnliche Zeitfenster, die den Übergang von der physischen in die Geistige Welt vereinfachen. Meine Erfahrung bei der Arbeit mit Geistern hat mich gelehrt, dass es an unserer Entscheidung liegt, wenn wir hier stecken bleiben.

Mancher Geist wendet sich vom Licht ab, aus Angst, Gott strafe ihn für irgendetwas. Andere bleiben zurück, weil sie kleine Kinder hinterlassen, nach denen sie schauen wollen. Wieder andere verweilen in Erdnähe, da sie ungelöste Probleme mit Lebenden klären möchten. Während einige sich vor dem Licht fürchten, irren andere umher und wissen nicht einmal, dass sie gestorben sind.

Was geschieht, wenn sich der Geist vom Licht abwendet? Wenn ein Geist freiwillig aus irgendwelchen Gründen zurückbleibt, gibt er seine Fähigkeit, in die Geistige Welt einzutreten, preis. Er sitzt zwischen der Erde und der Geistigen Welt fest und existiert als eine dazwischenliegende Frequenz. Die Schwingung ist etwas höher als die der Erde und niedriger als die der Geistigen Welt. Einen solchen niedrig schwingenden Geist bezeichnen wir als Geistgestalt. Ihre Bewegungsfähigkeit ist eingeschränkt. Gewöhnlich heftet sie sich an eine Person, einen Ort oder eine Sache. Sie neigt zu den gleichen Empfindungen wie zur Zeit des Todes. Verstarb eine Person im Drogennebel, wird sie so als *Geistgestalt* erscheinen. Ließ jemand unter entsetzlichen Schmerzen sein Leben auf dem Schlachtfeld, wird er diesen Schmerz fühlen. Die einzige Erleichterung für derartige Fälle besteht darin, einem solchen Geist über die Schwelle ins Licht zu verhelfen, damit er geheilt werde.

Viele Menschen sind sich nicht bewusst, dass sie von dort aus als Geistwesen zurückkehren und ihre Lieben aufsuchen können. Manche Leute hegen die romantische Vorstellung, dass der Geist nach dem Tode als Geistgestalt bei dem geliebten Menschen bleibt. Obwohl dieses eine liebevolle Geste zu sein scheint, trifft es nicht genau zu.

Um dir Hunderte von Jahren des Umherirrens in der Dunkelheit zu ersparen, will ich dir den Sachverhalt erklären. Wenn eine „Geistgestalt" ins Licht hinübergeht, erhöht sie ihre Schwingung und wird zum „Geistwesen". Ein Geistwesen kann bei allen seinen Lieben gleichzeitig sein und ist nicht an einem Ort gebunden. Es kann ihnen erscheinen und von der anderen Seite aus helfen. Es empfindet keine Schmerzen. Es ist erfüllt von Frieden und Liebe, was nur eine Verschmelzung mit dem Licht ermöglicht.

Geistgestalten hingegen sind gefangen in ihrem eigenen Drama, da sie sich von ihren irdischen Problemen und Schmerzen nicht lösen können. Sie besitzen keinen freien Willen mehr. Sie sind auf den Raum und das, was sie tun, beschränkt. Um sich selbst aufrechtzuerhalten, müssen sie den Lebenden Energie entziehen. Sie gesunden nicht.

Personen, die der Energie von Geistgestalten länger ausgesetzt sind, können krank und depressiv werden. Hinzu kommt, dass die Hinterbliebenen in ihrer Trauer verharren. Man tut seinen Lieben nichts Gutes, wenn man nach dem Tode nicht voranschreitet. Wirklich helfen kann man nur von der lichten Seite aus.

Die Katholische Kirche bezeichnet diese Ebene, auf der die Seelen weilen, die nicht in den Himmel einkehren dürfen, als Fegefeuer. Als Kind habe ich stundenlang für diese gefangenen Seelen gebetet. Der Begriff Fegefeuer kommt dem Zustand jener Seelen am nächsten, allerdings mit dem Unterschied, dass es sich dabei um ihre freie Entscheidung, nicht um Bestrafung handelt. Die Schwingung variiert mit den erdgebundenen Geistern und kann von Verwirrung und Unzufriedenheit bis zu purem Ärger reichen.

Wie lange verweilt ein Geist in diesem Schwebezustand zwischen Erde und Geistiger Welt? Das Fenster der Möglichkeit wird sich schließlich erneut öffnen und ihm erlauben, über die Schwelle zu treten. Eine solche Gelegenheit mag sich fünfzig oder sogar dreihundert Jahre später ergeben. Es gibt keinen festen Zeitraum. Der Geist wird sich miserabel fühlen, da er festsitzt, während seine Lieben längst ins Licht vorangeschritten sind. Von mir zusammengetragene außersinnliche Wahrnehmungen haben gezeigt, dass Geister nach dem Leben suchen, das sie einst lebten, ihre Angehörigen aber nicht mehr finden.

Die Tatsache, dass zwei Geistgestalten denselben Ort bewohnen, bedeutet nicht, dass sie sich einander bewusst sind. Auch in der geistigen Sphäre unterscheiden sich die Wesen in ihrer Schwingung und Frequenz voneinander. Viele Häuser, in denen es spukt, sind voller Geister, die nichts von ihrer gegenseitigen Anwesenheit bemerken. Glücklicherweise wird die Zeit im Jenseits anders erfahren als hier. Einem Geist erscheinen dreihundert Jahre nicht so lang wie einem Erdenbewohner. Außer auf ein unbestimmtes zukünftiges Ereignis zu warten, das den Geist Frieden finden lässt, kann eine lebende Person lernen, das Lichtfenster zu öffnen, um ihm den Übergang auf die andere Seite zu ermöglichen.

Menschen, die Geistgestalten und Geistwesen sehen, nehmen eine höhere Schwingungsrate wahr als der Durchschnittsmensch. In vielen Fällen geschieht dies ganz spontan unmittelbar nach dem Aufwachen, wenn man sich wahrscheinlich noch in der Theta-Gehirnwelle befindet. Solltest du noch keinen Geist gesehen haben, sorge dich nicht. Mithilfe der „Fahrplan zum Licht"-Technik wirst du dein Gehirn trainieren, solche hohen Frequenzen wahrzunehmen.

Wenn du mit der anderen Seite kommunizieren möchtest, musst du den Unterschied zwischen der Anwesenheit einer erdgebundenen Gestalt und einem Geistwesen kennen. Einige Religionen lehren, dass die Geisterwelt böse ist, um die Leute davon abzuhalten, sie zu betreten, während andere dieses Thema grundsätzlich meiden. Diese Haltung scheint eine Schutzmaßnahme der Kirche zu sein, nicht eine generelle Ablehnung. Wenn die Leute beginnen, Kontakt zu den Geistern aufzunehmen, können sie einer Vielzahl von Wesen begegnen, auch dunklen. Ohne geschult zu sein, um welche Geister es sich handelt und wie man ihnen auf die andere Seite verhilft, kann es gefährlich werden. Im Folgenden werden wir lernen, die verschiedenen geistigen Energien zu unterscheiden und wie man ihnen hilft, die Schwelle zu überschreiten.

4

Unterscheidung der Energien

Geistige Energien voneinander zu unterscheiden, entwickelt sich durch Übung und Erfahrung. Obwohl man vieles aus Büchern lernen kann, bleibt der beste Weg die Fähigkeit, sich mit dem Licht zu verbinden. Geschieht dies in der richtigen Weise, wird sich der Unterschied zwischen einer Restenergie (Spuren eines Geistes), einer Geistergestalt und einem Geistwesen leicht feststellen lassen. Es gibt nichts, das man fürchten müsste, da man alle niedrigen Schwingungen zurückweisen kann.

Hat man eine Geistererscheinung wahrgenommen, muss man wissen, ob es sich um eine intelligente Geistererscheinung oder die Spur eines Geistes handelt. Der Geist jenes Mannes, der Nacht für Nacht gleichbleibend und wortlos an meiner Schlafzimmertür vorbeizog, ist ein ausgezeichnetes Beispiel für eine solche Geisterspur oder Spukgestalt. Ein Moment in der Zeit scheint diese Welt durchkreuzt und irgendwie in der Umgebung hängengeblieben zu sein. In einem solchen Fall kann man nicht von einer intelligenten Geistererscheinung sprechen, da der Geist im Grunde genommen nicht gefangen ist.

Restenergie und Geistspuren

Manchmal kann eine Person etwas von sich hinterlassen, was einer Aufzeichnung in der Umgebung gleicht. In Wirklichkeit ist diese Person weder dort noch vermag sie sich mitzuteilen, tritt aber in Erscheinung. Begegnest du einem solchen Geist, wird sich dieser stets in derselben Weise verhalten, ohne sich deiner bewusst zu sein. Bei einer solchen Erscheinung handelt es sich nicht um einen tatsächlichen Geist, der über die Schwelle gehen, oder um eine Seele, die geheilt werden will. Das Umfeld sollte von den Spuren der Vergangenheit gereinigt werden. Verstorbene hinterlassen ebenso bleibende Energien wie Lebende. Ich habe Orte meiner Kindheit aufgesucht und Reste meiner eigenen Energie gefunden. Ich habe sie aufgesammelt und zurückgewonnen.

In einigen Fällen bin ich dem als Geistererscheinung zurückgebliebenen Fragment eines Geistes begegnet, während der Rest ins Licht voranschritt. Die Seele befand sich bereits im Himmel (sozusagen), nur ein winziger Teil blieb zurück. Solche kleinen Überbleibsel können als vollständige Geistergestalt in Erscheinung treten. Dies habe ich einige Male im Falle tragischer Mordszenen erlebt. Ein solcher Seelenteil muss geheilt und freigesetzt werden, um sich mit der übrigen Seele wieder vereinen zu können.

Eine andere Art von Energieresten wirkt auf bestimmte Orte oder Dinge ein. Eine Geistererscheinung kann auch ohne einen tatsächlichen Geist oder eine nicht geheilte Seele zurückbleiben. Sie besteht in erster Linie aus der Energie der Lebenden. Da alles in dieser Welt aus Energie besteht, wirken wir energetisch auf die Dinge ein. Manchmal hält ein Objekt an dieser Energie fest, ohne spukhaft umherzugeistern. Nehmen wir an, du benutzt über viele

Jahre hinweg täglich einen Gehstock. Mit größter Wahrscheinlichkeit wird dieser einen gewissen Teil deiner Energie absorbieren. Wenn andere diesen Stock benutzen, werden sie bestimmte
Aspekte von dir aufnehmen, die an dem Stock haften geblieben
sind. Man sollte einen Gegenstand von solchen Energien reinigen,
ehe man ihn nach Hause trägt. An Antiquitäten haften ungeheure
Mengen von Geistspuren und Restenergien. Bisweilen klammern
sich sogar Geistgestalten an sie.

Energiereste kann man auch mit seinen physischen Sinnesor-
ganen wahrnehmen. Betritt man einen Raum, in dem gestritten
wurde, bemerkt man, wie die Erregung noch in der Luft lastet.
Die Fähigkeit, die an einem Ort gespeicherte Energie eines Er-
eignisses wahrzunehmen, nennt man *Place Memory*. Bei Orten,
an denen sich eine bestimmte Energie festgesetzt hat, handelt es
sich häufig um Szenen tragischer Ereignisse. Eine intuitiv oder
übersinnlich veranlagte Person vermag die Umgebung zu lesen,
ohne über historische Daten zu verfügen. Wenn sie eine Tür oder
eine Wand berührt, kann die Energie übertragen werden oder
sie nimmt aus der Entfernung mit dem Ort Kontakt auf. Es gibt
Orte, in denen seelische Erschütterungen festsitzen und an denen
es zu spuken scheint. In einer ehemaligen Irrenanstalt mag man
noch die Schreie hören, selbst wenn es keine Geistgestalten gibt.
Höchstwahrscheinlich wird man immer einige finden, die dort
gefangen sind. Man sollte den Unterschied herausfinden.

Bei der *Psychometrie* handelt es sich um die Fähigkeit, durch
Berührung eines Gegenstandes, den eine Person besitzt oder mit
dem sie in Kontakt gekommen ist, Näheres über diese in Erfahrung zu bringen. Die Information basiert auf einer Restenergie,
die dem Gegenstand anhaftet. Jemand mit außersinnlichem
Wahrnehmungsvermögen mag dies demonstrieren, indem er ein
Schmuckstück in die Hand nimmt. Um vermisste Personen zu
finden, wendet man dieselbe Technik an. An einem aus Holz ge-

fertigten Schreibtisch mag die Energie desjenigen, der ihn herstellte, der Person, die ihn besaß, oder des Waldes haften, in dem Baum stand, aus dem er gezimmert wurde. Auf allem in dieser Welt hinterlassen wir unsere Spuren. Antiquitätenläden können daher recht überwältigend sein. An den meisten Gegenständen haftet so viel Historisches und so viele Restenergien, dass sich diese Läden hervorragend zu Übungsplätzen eignen, um sich in die Dinge einzufühlen. Allein den Gegenstand in der Hand zu halten, wird einen Eindruck der Person vermitteln, die ihn einst besaß.

Geisterscheinungen

Ein intelligenter Geist wird versuchen, auf seine Anwesenheit aufmerksam zu machen. Er wird sich gewöhnlich um möglichst viel Aufmerksamkeit bemühen, indem er Gegenstände verrückt, mit der Beleuchtung spielt, in Erscheinung tritt oder lärmt. Es gibt unendlich viele Möglichkeiten, um mit den Lebenden in Kontakt zu treten. Ist man ungeschult, mag es einen chaotisch anmuten und recht ungemütlich sein. In den meisten Fällen möchte der Geist nur bemerkt und letztendlich aus seiner Gefangenschaft befreit werden.

Der größte Unterschied zwischen einem Geist, der die Schwelle überschritten hat, und einem erdgebundenen Wesen liegt in der Energiefrequenz. Die meisten Menschen können diese an einem emotionalen Zustand festmachen. Ist die Wesenheit unglücklich, ärgerlich oder böswillig, handelt es sich höchstwahrscheinlich um einen Erdgebundenen. Das Gleiche trifft zu, wenn sie eine Wunde oder eine Verletzung trägt, sich rächen will oder niedrigen menschlichen Emotionen frönt.

Solche Geistgestalten beabsichtigen nicht, uns zu trösten. Oft sind sie verwirrt und wissen nicht, warum sie noch hier sind. Einige erkennen nicht, dass sie tot sind. Andere wollen nicht fort, weil sie sich gezwungen fühlen, nach ihrem Heim, ihren Kindern, Tieren oder irgendeiner Sache zu sehen, die ihnen hier auf der Erde sehr viel bedeutete. Manchmal wird ein Geist sich einfach weigern, ins Licht voranzuschreiten, weil er sein Ego und den irdischen Erfolg nicht loslassen kann.

Erdgebundene sind die meiste Zeit in ihrem eigenen Lebensdrama absorbiert und wollen dich in ihre Probleme hineinziehen. Man sollte dem nicht allzu viel Beachtung schenken. Jeder von uns schafft Situationen in seinem Leben, um daraus zu lernen. Solche Geschöpfe haben sich spirituell nicht weiterentwickelt, um dies zu erkennen, und halten stets Ausschau, jemanden anderen zu beschuldigen. Mitgefühl und Hilfe, den Weg zurück zu finden, sind durchaus angebracht, man darf aber keine energetischen Sympathiefäden bilden, die sich an einem festklammern. Behältst du einen klaren Kopf, kann es weder zu Anhaftungen noch zu Besetzungen kommen.

Geistererscheinungen sind darauf angewiesen, ihrem Umfeld Energie zu entziehen, um ihre eigene Lebenskraft zu stärken. Gewöhnlich entwickeln sie sich nicht in verlassenen Gebäuden, sondern bevorzugen Menschenansammlungen, ein Sportereignis oder eine Theatervorstellung, um der lebendigen Menge Energie entziehen zu können. Den Vollmond oder Neumond können sie ebenfalls anzapfen oder Energie aus Batterien und Elektrogeräten ziehen. Aufgrund der Verstärkung ihrer Energie neigen sie eher dazu, mit dir zu kommunizieren. Sie können Unruhe in deinem Umfeld stiften und die Raumtemperatur manipulieren. Sie mögen einem Wohnungsbereich Energie entziehen, den berüchtigten „Cold Spot" schaffen und mit größter Wahrscheinlichkeit an diesem Ort in Erscheinung treten. Sie können lernen, Gegenstände zu verrücken, mit den Bügeln im Kleiderschrank zu klappern oder die Autoschlüssel zu verstecken. Sie mögen dich berühren, ihre Finger durch dein Haar ziehen, dich in der Nacht zudecken und Türen öffnen und schließen. Handelt es sich um einen bösartigen Geist, mag er an deinem Bett rütteln, Türen zuschlagen und dich zu erschrecken versuchen. Nicht alle Geister sind bösartig.

Kindliche Geistgestalten findet man oft bei Familien mit Kindern, um mit diesen zu spielen, ungeachtet dessen, ob diese sich ihrer Anwesenheit bewusst sind oder nicht. Sind sich die lebenden Kinder ihrer geistigen Gefährten bewusst, sprechen sie oft von ihren Fantasiefreunden. Obwohl diese einem Kind normalerweise nicht unmittelbar schaden, können es die niedrigen Schwingungen deprimieren, ängstigen und manchmal sogar krank machen. Wiederholte Infektionen der oberen Atemwege sind Zeichen dafür, dass sich ein Geist an das Kind angeklammert hat. In der Gegenwart eines Geistes empfindet man oft einen Unterschied in der Raumtemperatur, die einen plötzlich frösteln lässt. Vielleicht fühlt man sich auch zerstreut, reizbar oder erschöpft.

Übelriechender Geist

Eines Nachmittags trafen mein Mann und ich beim Besuch einer Bibliothek auf einen Geist. Ich bemerkte, dass wir nicht alleine waren, und spürte die Anwesenheit mehrerer Geistgestalten, die lässig auf leeren Stühlen saßen. In dem Moment, in dem ich meinen Mann fragte, ob er die unsichtbaren Gestalten auch bemerke, überfiel uns ein scheußlicher, ekelerregender Geruch. Wir schauten uns fragend an und hielten die Nase zu. An uns lag es nicht. Der stinkende Geist störte uns. Wir beschlossen, die Bibliothek zu verlassen.

Zu Hause angekommen, fühlte sich mein Mann unwohl und musste sich hinlegen. Ich verließ das Zimmer für einen Moment. Als ich zurückkehrte, war der ganze Raum mit demselben Gestank erfüllt, den wir in der Bibliothek bemerkt hatten. Mein Mann klagte über entsetzliche Kopfschmerzen und war nicht in der Lage aufzustehen. „Oh nein! Da mache ich *nicht* mit!", rief ich aus. Ich wusste, was geschehen war. Der stinkende Geist hatte sich an meinen Mann geheftet, entzog ihm Energie und machte ihn krank. „Verschwinde aus meinem Haus! Geh da hin, wo du hergekommen bist!", rief ich laut und bestimmend wie ein Militärkommandant und wies ihm die Richtung. Der Gestank verschwand augenblicklich. Mein Mann setzte sich auf. Die Kopfschmerzen waren verschwunden.

Launischer Geist

Vor einigen Jahren erlebte meine Tochter einen Geist, der sich ihr aufs Gemüt legte. Sie war kurz angebunden und zog sich aus ihrem normalen Leben weitgehend zurück. Ich fragte mich, ob es an der Pubertät lag, die sie so veränderte. Eine Woche lang ging sie nach der Schule direkt in ihr Zimmer, das sie selten verließ. Sie sprach und aß kaum etwas.

An einem Freitag tauchte sie plötzlich lächelnd auf. Ich fragte sie, was los sei. Etwas habe sich an sie geheftet, meinte sie. Als ich lernte, mich über die Thetawelle mit dem Licht zu verbinden und unerwünschte Wesen fortzuschicken, gab ich dies an meine Familie weiter. Meine Tochter hatte bemerkt, dass sie sich ohne ersichtlichen Grund unwohl fühlte. Schließlich beschloss sie, sich mit dem Licht zu verbinden und in den geistigen Dimensionen umzusehen. Als sie den an ihr haftenden Geist bemerkte, befahl sie ihm, ins Licht zu gehen. Intuitiv sah sie das Gesicht einer alten Dame, die auf sie zurückblickte, als sie sich dem Licht zuwandte. Meine Tochter war sofort wieder die alte. Mit dreizehn Jahren hatte sie die ThetaHealing-Technik erlernt. Sie wurde sich immer stärker ihrer eigenen Emotionen und derjenigen anderer bewusst.

Manchmal hängen auch noch Seelenteile unserer verstorbenen Verwandten in der Erdsphäre fest. Man sollte daher überprüfen, ob alle unsere Lieben wirklich ins Licht gefunden haben. Vielleicht suchen sie unsere Hilfe.

Ängstlicher Geist

Eine meiner Klientinnen trauerte noch zehn Jahre nach dem Verlust ihres Freundes. Für sie war die Zeit stehengeblieben. Während einer Sitzung bemerkte ich, dass sein Geist die Schwelle noch nicht überschritten hatte und die junge Frau umschwebte. Plötzlich wurde mir alles klar. Sie hatte während des letzten Jahrzehnts seine nicht geheilten Emotionen gefühlt, so als wären es ihre eigenen. Sie hatte keine Ahnung, dass sein Geist festsaß oder sie beide gesunden mussten. Ich half dem Freund, die Schwelle zu überschreiten. Augenblicklich veränderte sich ihre Energie. Sie war in der Lage, den heilenden Schub aufzunehmen, wieder im Hier und Jetzt zu leben. Sie weilte nicht mehr in der Vergangenheit. Ihre Ängstlichkeit verringerte sich zusehends.

Ein Geist oder ein niedrig schwingendes Gebilde kann sich an eine lebende Person festklammern und ihr gesundheitliche und emotionale Probleme verursachen.

Anhänglichkeit

Eine Klientin rief mich an und berichtete mir von den Problemen ihres kleinen Mädchens. Sie hatten etwa vor einem Monat begonnen. Ihre Tochter spielte nach der Schule auf dem Spielplatz. Als sie nach Hause kam, erzählte sie ihrer Mutter, sie habe eine imaginäre Freundin. Ihre Mutter fand es allerliebst und freute sich, dass ihre kleine Tochter Geister sah. Die gesamte Familie akzeptierte diese Freundschaft und fragte häufig nach dem unsichtbaren Spielgefährten. Sie glaubte, es sei der Geist eines Kindes, der sich gerne bei der Familie aufhielt. Doch mit der Zeit wurde die Anwesenheit dieses Geistes immer bedrohlicher. Er fing an, Dinge wegzunehmen, Gegenstände umherzuwerfen und das kleine Mädchen zu bedrohen. Erst als er es schlug, erzählte sie von seinem Verhalten. Ebenso wie sich ein Geist ungehörig benehmen mag, kann er auch als kindlicher Geist erscheinen, um Zugang zu einer Familie zu gewinnen. Viele Leute möchten gerne den Geist eines Kindes beherbergen oder erziehen. Sie erkennen nicht, wie trügerisch die Geistige Welt sein kann. Es gibt Wesen, die die Lebenden zu manipulieren versuchen, indem sie vorgeben, der Geist eines Kindes zu sein. Schlägt oder bedroht er dich, hat man es in den meisten Fällen nicht nur mit einem Geist zu tun. Das Wesen muss ins Licht geschickt und anschließend die Person und ihr Eigentum gereinigt werden. Im Nachhinein erkannte die Mutter, dass ihre Tochter seit dem Auftreten ihres unsichtbaren Freundes an Ohr- und Nebenhöhlenentzündungen litt. Nach dem Reinigungsprozess war das Kind augenblicklich gesund. Niedrig schwingende Wesen können auf die Lebenden auf dieselbe Weise einwirken wie Geister.

Weihwasserbad

Vor vielen Jahren rief mich eine Freundin an, die sich um ihren vierjährigen Sohn sorgte. Er litt unter zahlreichen Krankheiten, darunter Asthma, Allergien und massive Gefühlsschwankungen. Bereits bevor ich die ThetaHealing-Technik einsetzte, vermochte ich Energie zu spüren. Jedes Mal, wenn ich Zeit mit dem Jungen verbrachte, überraschte mich sein unberechenbares Verhalten. Es schien nicht durch bestimmte Nahrungsmittel, Zeiten oder Tage ausgelöst zu werden. Er konnte völlig ruhig sein und im nächsten Moment ausrasten. Ich hatte den Eindruck, irgendwer oder irgendetwas wirkte negativ auf ihn ein.

Es ist schwierig, wenn man nicht zu erkennen vermag, was sein Umfeld, sein Zuhause und seine Lieben beeinflusst. Als Gegenmaßnahme stand mir damals nur das Weihwasser zur Verfügung. 1995 pilgerte ich nach Medjugorje, Bosnien, um die dort stattfindenden Wunder zu erleben. Eines Abends sollten wir unsere Wasserflasche oder einen anderen Gegenstand, den wir gesegnet haben wollten, mit in die Kirche bringen. Maria war vor Jahren mehreren jungen Leuten erschienen. Jedes Mal pflegte sie Gegenstände zu segnen und die Anwesenden zu heilen. Meine Flasche mit dem dort geweihten Wasser hatte ich immer noch. Ich schüttete etwas davon in ein Gefäß und bat meine Freundin, es dem Badewasser ihres Sohnes hinzuzufügen und zu beobachten, ob es ihm half.

An jenem Abend befolgte sie meinen Rat. Ihr Sohn wusste nichts davon. Als sie ihn rief, kam er gelaufen und entkleidete sich. Dann, als spüre er etwas, weigerte er sich, in die Badewanne zu steigen. Gewöhnlich freute er sich auf das abendliche Bad. Diesmal konnte sie ihn nicht dazu überreden. Je mehr sie ihn drängte, desto stärker wehrte er sich, bis er zu schreien und zu fluchen begann. Auf eine solche Reaktion war seine Mutter nicht gefasst. Tief in ihrem Herzen wusste sie, wie notwendig es war, ihn in das Weihwasser zu tauchen.

Schließlich schnappte sie ihn, um ihn ins Wasser zu setzen. Er schrie und fauchte und klammerte sich mit Fingern und Zehen an die Wanne. Wie Spider-Man versuchte er die Wände hochzusteigen, um dem Wasser zu entfliehen. Er kämpfte mit der Kraft eines Erwachsenen. Dies ängstigte seine Mutter noch mehr. Sie drückte ihn in das Wasser und hielt ihn dort fest. Er schrie Zeter und Mordio. Sein Körper lief rot an. Einen Moment lang glaubte die Mutter, die Wassertemperatur sei zu hoch, was aber nicht zutraf. Nachdem der Junge eine Weile in dem Wasser saß, verblasste die Röte. Er wurde ruhig und benahm sich normal. Er hörte auf zu schreien und begann, sich mit seinen Badespielsachen zu beschäftigen. Sowohl meine Freundin als auch ich lernten viel aus diesem Vorfall. Dunkle Wesen können sich an uns heften und unsere Gesundheit und unser Gemüt beeinträchtigen.

Nach dem Bad legte meine Freundin ihren Sohn ins Bett. Im Haus fühlte es sich besser an. Eine ungewohnt stille und friedliche Energie breitete sich aus. Die folgenden Wochen blieben friedlich. Der Sohn litt weder an Asthma noch an Allergien oder drastischen Stimmungsschwankungen. Irgendetwas hatte sich geändert.

Dies soll natürlich nicht bedeuten, dass jedem kranken Kind etwas Dunkles anhaftet. Ich habe von diesem Vorfall nur als einem möglichen Beispiel berichtet. Bisweilen – ich betone – *bisweilen* kann es geschehen, dass sich ein dunkles Wesen an eine lebende Person heftet. Aufgrund des ständigen Energieverlustes kann sie physisch krank werden. Am auffallendsten sind die gewaltigen Gemütsschwankungen, derer sich die Person nicht bewusst ist und die sie nicht zu kontrollieren vermag. Manche Leute sind anfälliger für solche Dinge. Es bedarf täglicher Arbeit, um sich von derartigen Wesen fernzuhalten. Bist du anfällig für solche Attacken, solltest du spiritueller werden, was nicht heißt, einer bestimmten Religion zu folgen. Spiritueller zu werden, bedeutet hier, mittels Meditation und Gebet deine Schwingung auf einer höheren Ebene zu halten. Affirmationen und positive Gedanken unterstützen diese Dynamik.

Eine solche Anhaftung kann man sich überall einfangen, ohne sich dessen bewusst zu sein. Es mag sich eine Vielzahl von Problemen daraus ergeben. Solche Eindringlinge können nicht auf dein Handeln einwirken, wohl aber auf deine Gedanken, und dir Vorstellungen einflüstern, um deine Entscheidungen zu beeinflussen. Jemand, dem ein solches Wesen im Nacken sitzt, wird energetisch ständig ausgelaugt. Auch unbeseelte Objekte sind nicht immer frei von Anhängseln. Autos können versagen oder zusammenbrechen, wenn sie nicht von derartigen Anhaftungen gereinigt werden.

Verhexte Autos, Lastwagen, Boote und Flugzeuge gibt es tatsächlich. Sie treten häufiger auf, als manche Leute erkennen. Manchmal ist der Vorbesitzer für den Spuk verantwortlich. Hat er sein Fahrzeug geschätzt und geliebt, mag er es nach dem Tod oft nicht loslassen wollen. Manche Leute legen so viel von sich selbst in ihr geliebtes Vehikel, dass sie es nicht zurücklassen können. Bisweilen spielt auch der Tod eine Rolle. Dieser muss nicht in dem Auto selbst stattgefunden haben. Es mag genügen, wenn es an einer tödlichen Unfallszene vorbeifuhr. Manchmal lässt sich der Spuk darauf zurückführen, dass Teile eines solchen Unfallwagens in ein anderes Auto eingebaut wurden. Findet ein Wagen bei Hausreinigungen Verwendung, kann sich ein Geist oder Elemental daran festsetzen. Dies kann überall geschehen, nicht nur an bekannten gespenstischen Orten.

Wasserpumpengeist

Als ich mit einer neuen Untersuchungsgruppe zu arbeiten begann, interessierte sich diese für die Möglichkeiten der ThetaHealing-Methode. Man lud mich zu ihrer wöchentlichen Live-Fernsehsendung ein. Da wir wussten, dass eine Sitzung äußerst persönlich sein kann, beschlossen wir, sie vor der Sendung aufzunehmen, um intime Informationen ausblenden zu können.

Die Gruppe erschien mit mehreren Mikrophonen und Computern zur Überwachung und Aufzeichnung der Sitzung. Als wir anfingen, funktionierten weder die Tonbandgeräte noch die Kameras. Wir konnten nur einen kleinen Teil der Sitzung auf Film bannen, doch selbst dieser war von geraden und wellenförmigen Linien durchzogen. Manchmal kann die sehr hohe Frequenz, die bei der Heilung Einsatz findet, bei elektrischen Geräten Störungen verursachen.

Als die Gruppe alles zusammenpackte, um mein Haus zu verlassen, erwähnten sie, dass immer wieder Schwierigkeiten mit dem Verbrennungsmotor ihres Wagens auftauchten. Er funktionierte nicht richtig, was zu Überhitzung führte. Sie brauchten den Wagen dringend, da sie ihre Ausrüstung in ihm transportierten, wenn sie die einzelnen zu untersuchenden Orte aufsuchten. Ich erklärte den Leuten, dass seelenlose Objekte ebenfalls geheilt werden konnten, und bot ihnen an, mir den Verbrennungsmotor vorzunehmen. Entweder es half oder es half nicht. In jedem Fall waren sie nicht schlechter dran als jetzt. Sie schauten mich an, als sei ich ein bisschen verrückt. Andererseits waren sie daran gewöhnt, sich mit unerklärbaren Dingen zu befassen.

Ich legte meine Hand auf den Wagen, verband mich mit dem Licht und befahl, alle gespenstischen Anhängsel zu entfernen und ins Licht zu schicken. Mit geschlossenen Augen nahm ich kleine dunkle Schatten wahr, die in Richtung Licht davonflogen, um von ihm absorbiert zu werden. Anschließend vollzog ich einen sanften Heilungsprozess mit dem Wagen und sah etwas, das sich selbst zu reparieren schien. Als sich die Energie nicht mehr bewegte, empfand ich den Vorgang als abgeschlossen. Wir verabschiedeten uns, und sie fuhren fort.

Monate vergingen. Ich wurde erneut gebeten, als Gast an ihrer Show teilzunehmen. Ich freute mich auf eine weitere Gelegenheit über ThetaHealing und andere paranormale Dinge zu diskutieren. Mitten in der Sendung erzählte man mir und dem Publikum von der erfolgreichen Behandlung des Lastwagens. Er hatte sofort danach einwandfrei funktioniert und seither keine Probleme mehr gemacht.

Auto-Liebe

Mein Mann kaufte sich einen Ford Mustang mit aufklappbarem Dach in der Absicht, ihn als Geldanlage weiterzuverkaufen. Er hatte das Auto günstig erstanden und nahm an, es zu einem höheren Preis abstoßen zu können. Es stand zum Verkauf. Inzwischen genossen wir es, mit ihm zu fahren. Eines Tages rief uns ein Kaufinteressent an. Mein Mann geriet in Panik. Er wusste, dass die Blinklichter von Anfang an nicht funktionierten. Er fürchtete um den Verkauf des Wagens.

Der Käufer wollte am Nachmittag eine Probefahrt unternehmen, was meinem Mann Zeit gab, die Lichter zu reparieren. Er arbeitete an der elektrischen Schalttafel und tauschte die Glühbirnen aus. Er konnte keine losen Drähte finden und stand vor einem Rätsel. Die Lichter funktionierten einfach nicht.

Schließlich bot ich ihm an, mir das Auto eingehender anzuschauen. Da er ohnehin eine Pause benötigte, ließ er mich machen. Ich setzte mich in den Wagen, verband mich mit dem Licht und bat um eine Heilung für das Auto. In einem meditativen Zustand bemerkte ich eine Art Elektrizität, eine geisterhafte Energie durch die Drähte laufen, die ich vollständig ausräumte. Das Ganze dauerte etwa zwei Minuten. Ich ging ins Haus und erklärte meinem Mann, ich sei fertig. Er trank sein Eiswasser aus und ging zurück in die Garage. Die Zeit war knapp. Er wusste nicht weiter. Frustriert startete er den Motor und probierte die Blinklichter erneut aus. Sie funktionierten. Aufgeregt kam er ins Haus gerannt und wiederholte immer wieder, das Auto sei repariert. Er hatte Gänsehaut auf den Armen. „Es hat funktioniert! Ich kann es nicht glauben, es hat geklappt!"

Die Probefahrt verlief reibungslos. Der Interessent kaufte den Wagen. Später vertraute mir mein Mann die Geschichte jenes Mannes an, von dem er den Wagen ursprünglich gekauft hatte. Seine Frau war mit Krebs im Endstadium diagnostiziert worden. Er hatte für sie bis zu ihrem Ende gesorgt. Sie ermutigte ihn, sich nach ihrem Tode einen Ford Mustang zu kaufen, den er sich immer gewünscht hatte. Er folgte ihrem Rat und kaufte den Wagen, den er einige Jahre fuhr. Während der Fahrt verarbeitete er seine Trauer, indem er ständig an seine Frau dachte. Schließlich fühlte er sich bereit, eine neue Lebensphase zu beginnen, und beschloss, den Wagen zu verkaufen. Hätte ich diese Geschichte von Anfang an gekannt, hätte ich den Wagen sofort gereinigt. Das Auto diente diesem Mann als Verbindung zu seiner verstorbenen Frau. Sie liebte ihn so sehr, dass sie sich die Erfüllung seines Traumes wünschte und daran teilnehmen wollte. Zu diesem Zweck hatte sich ihr Geist buchstäblich an den Wagen geheftet.

Ich bin jedes Mal dankbar für die Art, in der die Dinge in unser Leben treten. Hätte mein Mann das Auto nicht gekauft, hätte ich keine Heilung vorgenommen. Hat die Frau jenes Mannes den Verkauf des Wagens beeinflusst, weil sie wusste, dass die Zeit gekommen war, über die Schwelle zu gehen? Sobald man mit der Geistigen Welt zu arbeiten beginnt, verblüffen einen die von den Geistern orchestrierten Synchronizitäten. Auf unerwarteten Wegen sind sie an mich herangetreten, in dem Bemühen, Hilfe für sich und ihre Lieben zu erhalten.

Geistwesen

Es kommt so häufig vor, dass uns der Geist eines geliebten Verstorbenen aufsucht, dass man es heute fast schon als natürlich betrachtet. Wenn unsere Lieben sterben, wollen sie sicherstellen, dass es den Hinterbliebenen gut geht. Trauer ist ein Prozess, der nur von jenen verstanden werden kann, die ihn selbst erfahren haben. Trauer kann während des Genesungsprozesses in die Tiefen der Seele führen. Man mag alles, was einem das Leben bedeutet, infrage stellen. Wenn man einen nahestehenden Menschen verliert, mag man sich in seiner Trauer zusammenrollen und sterben wollen, nur um bei diesem Menschen sein zu können. Die Geistige Welt weiß darum und fühlt unsere Trauer. Die Seelen suchen uns auf, um uns zu helfen und wissen zu lassen, dass es ihnen gut geht. Oft teilen sie uns mit, dass sie stets bei uns sind und an unserem Leben teilhaben. Mit meinen Lieben auf geistiger Ebene in Kontakt zu treten, hat mich das Leben wertschätzen und das Leben und den Tod verstehen gelehrt, was ansonsten nicht der Fall gewesen wäre.

Lege das Baby nieder

Meine Großmutter erzählte mir von ihrer Erfahrung mit Geistwesen, als sie über den Verlust ihres Sohnes trauerte. Obwohl drei Jahre seit seinem Tode vergangen waren, kam sie nicht darüber hinweg. Es verging kein Tag, an dem sie nicht weinend zusammenbrach. Ein solcher Schmerz kann zu großer Schwäche führen, wenn er allzu lange anhält. Aus diesem Grunde schaltete sich die Geistige Welt helfend ein.

Meine Großmutter träumte, dass sie ihren Sohn weinend im Arm hielt. Obwohl er als Erwachsener gestorben war, erschien er ihr als Säugling, den sie an sich drücken konnte. Sie fühlte die Wärme des winzigen Körpers. Sie bemerkte, dass ihre Mutter, ihr Vater und andere Familienmitglieder, die bereits gestorben waren, hinter ihr standen und liebevoll die Hände auf ihre Schultern legten. Ihre Mutter meinte: „Liebes, leg das Baby hin. Es muss sich jetzt ausruhen." Meine Großmutter weigerte sich und weinte noch heftiger. „Ich kann ihn nicht loslassen!" Ihre Mutter entgegnete: „Das Baby muss sich unbedingt ausruhen. Es ist Zeit, es jetzt hinzulegen." Bei diesen Worten löste meine Großmutter das Wickelkind langsam von ihrer Brust und legte es in eine Wiege.

Als sie aufwachte, wusste sie, dass es sich nicht um einen gewöhnlichen Traum gehandelt hatte. Den ganzen Tag über spürte sie die Wärme des Säuglings an ihrer Brust. Durch diese Erfahrung konnte sie schließlich ihren kräftezehrenden Schmerz loslassen. Es gelang ihr, sich wieder mit Freunden zum Essen zu treffen oder einkaufen zu gehen, ohne in Tränen auszubrechen.

Es gibt viele Möglichkeiten, Besuch von unseren Lieben aus der Geistigen Welt zu erhalten. Solche Besuche werden als Kommunikation nach dem Tode bezeichnet und können auf unterschiedlichste Weise stattfinden. Gewöhnlich spürt man die Anwesenheit der Verstorbenen, hört ihre Stimmen, wird körperlich berührt oder nimmt einen Duft wahr, der einen an sie erinnert. Nicht jeder vermag den Verstorbenen wahrzunehmen, was in den meisten Fällen kurz vor dem Aufwachen oder Einschlafen geschieht. Die Erfahrung meiner Großmutter war kein Traum gewesen.

Oftmals erhält man ein Zeichen von dem Verstorbenen. Manche berichten von Telefonanrufen. Da die Geistige Welt weiß, dass wir uns nach unseren Lieben sehnen, ermöglicht sie es uns, in einer Weise Kontakt mit ihnen aufzunehmen, die wir handhaben können. Gewöhnlich bekunden sie ihre Nähe durch einen Duft oder ein Zeichen, weniger durch eine Erscheinung, um uns nicht zu erschrecken. Ihre liebevolle Botschaft wirkt heilend. Weilt ihr Geist im Licht, verblassen die negativen Aspekte ihrer irdischen Persönlichkeit angesichts ihrer Botschaft. Nachdem sie ihren Körper abgestreift haben, kehren sie in die Geistige Welt ein und verschmelzen mit dem Licht der reinen und liebenden Energie des Schöpfers.

Im Himmel gibt es keine Eifersucht

Meine Großmutter, die vor nicht allzu langer Zeit starb, machte sich etwa eine Woche, bevor sie ihren Körper verließ, bei mir bemerkbar. Jeden Tag besuchte mich ein Kolibri und schwirrte stets an derselben Stelle, ein Hinweis auf die schwindende Gesundheit meiner Großmutter. Mein Mann und ich fuhren nach Missouri zu ihrem Begräbnis. Sie hatte ein zweites Mal geheiratet und wollte sichergehen, dass ihre Familie ihrem jetzigen Mann Liebe und Unterstützung gewährte.

Mein Großvater war zehn Jahre zuvor gestorben. Großmutter lebte so lange in dem Haus, bis sie aus gesundheitlichen Gründen in ein Pflegeheim übersiedeln musste. Wie im Märchen erschien dann ein Mann, mit dem sie sich beim Bingo-Spielen angefreundet hatte, und rettete sie. Sie heirateten. Die Ehe dauerte zwei kurze Jahre. Für Großmutter waren es die schönsten ihres Lebens, wie sie uns erklärte. Da sie die meisten ihrer Freunde überlebt hatte, nahmen nur wenige Leute an ihrer Beerdigung teil.

Während der Grabrede verlor sich mein Blick wie in jenen Zeiten, in denen ich oft Geister sah. In Gedanken bat ich: „Ich möchte dich gerne sehen, Großmutter. Ich weiß, du bist hier. Ich kann dich fühlen." Ich starrte auf ihren Sarg, wurde aber von hinten mit einer Berührung überrascht. Eine Hand presste sich auf meine linke Schulter, wie um mich zu trösten. Die Hand meines Großvaters fühlte ich zuerst und dann die meiner Großmutter, die sich in seine legte. Ich hatte nicht erwartet, berührt zu werden, und spürte augenblicklich die Liebe, die mein Großvater für Großmutter empfand. Ich begann zu weinen. Bis zu diesem Moment hatte ich nicht geweint, da ich wusste, meine Großmutter hatte ein langes, gutes Leben gelebt. Die Liebe, die ich spürte, als mein Großvater und meine Großmutter mich berührten, überwältigte mich.

Es gibt keine Eifersucht im Himmel. Großvater war glücklich, dass Großmutter eine neue Liebe gefunden hatte. Meine Großmutter war als Waise, die niemand wollte, in diese Welt getreten und verließ sie, umgeben von Liebe. An jenem Tag hörte ich die Großeltern nicht zu mir sprechen. Es war überflüssig. Manchmal werden Gefühle durch eine einfache Berührung übertragen.

Entspringt deine Sehnsucht, mit der anderen Seite zu kommunizieren, dem Verlust eines geliebten Menschen, solltest du bedenken, dass deine Trauer dich blockieren kann. Je mehr du deinen Schmerz heilst, desto offener wirst du für die Kommunikation. Bist du in deinem Heilungsprozess festgefahren und durchlebst eine schwierige Zeit, suche unbedingt Hilfe. Es gibt verschiedene Wege der Trauerbewältigung.

Die Psychologen betrachten die Trauer gewöhnlich mit der Einstellung: „Sie sind tot und fort. Du musst darüber hinwegkommen." Nun, das half wohl wenig, denn niemand wurde mit seinem Schmerz wirklich fertig. Die Hinterbliebenen lebten ihr Leben nach dem Verlust ihrer Lieben oft nur noch halb, bis ihre gebrochenen Gefühle sie in die Krankheit trieben. Das Problem, mit dem sich die Trauernden konfrontiert sehen, ist die Tatsache, dass die Verbindung zu den Lieben abgerissen ist. Es ist vorbei. Sie können ihr Bedauern oder ihre Liebe nicht zum Ausdruck bringen. Sie können nicht einfach den Telefonhörer aufnehmen und sich über belanglose Dinge unterhalten. Der Kontakt fehlt. Eine dunkle, einsame Leere umfängt sie. Es stellt sich die Frage, ob die Verbindung tatsächlich abgebrochen ist.

Heute halten es die Psychologen für heilsamer, mit seinen Lieben auch nach deren Tod weiter zu kommunizieren. Die endgültige Trennung wird geheilt, wenn wir akzeptieren, dass unsere Lieben im Geiste bei uns sind. Es ist heilsam, *nicht* verrückt, ihrer an Feiertagen und bei besonderen Gelegenheiten zu gedenken. Ihr Geist sucht uns gerne auf und möchte, dass wir glücklich sind.

Unser Lachen pflanzt sich wellenförmig in die Geistige Welt fort. Halten wir jedoch an unserem Schmerz fest, nehmen wir unseren Lieben auf der anderen Seite die Möglichkeit zu heilen. Unsere Trauer kann sie davon abhalten, ins Licht emporzusteigen.

Ein Geist, der ins Licht gegangen ist, schwingt in einer sehr hohen Frequenz. Obwohl bestimmte Persönlichkeitsaspekte bleiben, ist er geheilt. Diese Aspekte helfen uns, ihn zu identifizieren, wenn er uns besucht. Geistwesen erscheinen uns in einer Weise, in der wir sie erkennen können. Sie besitzen die Fähigkeit, telepathisch mit uns zu kommunizieren. Es bedarf keiner Worte, um sie zu verstehen. Es liegt ihnen daran, uns wissen zu lassen, dass sie weiterhin existieren und uns lieben. Sie können uns Zeichen geben, um uns zu grüßen. Sie sind in der Lage, an verschiedenen Orten gleichzeitig zu sein. Fühle dich nicht schuldig, Großmutters Zeit voll in Anspruch zu nehmen. Ihr Geist kann bei all ihren Lieben gleichzeitig weilen.

Geistwesen können auf Tiere einwirken, ihr Bild auf einer Fotographie einblenden oder ein bestimmtes Lied im Radio spielen lassen, das dich an sie erinnert. Sie öffnen ein Buch auf einer Seite, die eine wichtige Mitteilung für dich enthält. Sie beeinflussen Elektrogeräte aller Art, schalten Radio oder Fernsehen ein oder aus, produzieren alarmierende Geräusche oder lassen eine Glühbirne platzen. Um unsere Aufmerksamkeit zu erregen, kennen sie keine Grenzen. Eines aber ist sicher. Sie werden dir niemals in irgendeiner Weise schaden.

Zusammenfassung der unterschiedlichen Energieformen

Blicken wir auf die einzelnen Energien,
die uns begegnen können.

Restenergie, Geistspuren

- Erscheinungen, die nicht auf die Umgebung reagieren.
- Stimmen, die nicht auf Fragen reagieren.
- Das Umfeld birgt Energien, die als traurig, glücklich und dergleichen empfunden werden.
- Beeinflussung durch zurückgebliebene Energie, derer man sich bewusst ist oder nicht.

Erdgebundene Wesen

- Liefern intelligente Antworten auf gestellte Fragen.
- Sind in der Lage, gewisse Kommunikationsformen aufrechtzuerhalten.
- Können Dinge bewegen.
- Rufen oft Störungen in Elektrogeräten hervor.
- Leeren Batterien von Untersuchungsausrüstungen.
- Können schattenhaft oder voll ausgebildet in Erscheinung treten.
- Ihre oft niedrige Schwingung mag bei Menschen Kopfschmerzen und Beschwerden der oberen Luftwege auslösen.
- Ihre Anwesenheit kann unter den Lebenden chaotische Zustände bewirken.
- Erscheinen krank, verletzt oder verwirrt zu sein.
- Können *Cold Spots* in Räumen hervorrufen.

- Können Gänsehaut auslösen.
- Kehren an einen Ort zurück, an dem sie sich wohl fühlten oder an den sie sich erinnern, zuletzt gewesen zu sein (zu Hause oder an dem Ort, an dem sie starben).
- Das Umfeld fühlt sich dichter an.
- Können sich an die Lebenden festklammern und ihnen Energie abziehen.
- Die Familien nicht zur Ruhe gekommener Seelen können ihre Trauer nicht aufarbeiten.
- Sie scheinen auf derselben Ebene in Erscheinung zu treten, auf der wir uns befinden, da sie erdgebunden sind.
- Sie erscheinen in trüber Graufärbung.

Geistwesen

- Ein geheilter Geist besitzt eine höhere Schwingung.
- Er mag dir im Traum erscheinen, um eine heilende Botschaft zu übermitteln.
- Sie beeinflussen das Umfeld, um den Lebenden ein Zeichen zukommen zu lassen.
- Können Elektrogeräte ausfallen lassen.
- Können Dinge bewegen.
- Die Hinterbliebenen erkennen ihr Erscheinungsbild.
- Neigen zu vermehrter Aktivität an Feiertagen und zu besonderen Anlässen.
- Es ist ihnen möglich, den Lebenden von der anderen Seite aus zu helfen.
- Dein Bestes liegt ihnen am Herzen.
- Ihre Anwesenheit macht sich durch ein warmes, umfassendes Gefühl im Herzen bemerkbar.
- Kann mit mehreren Leuten gleichzeitig zusammen sein (räumlich nicht begrenzt).

- Ihr Erscheinungsbild mag leicht über unserer Ebene schweben.

5

Geistern über die Schwelle verhelfen

Den Unterschied zwischen einem Geist und einer Seele zu kennen, hilft, mit der anderen Seite zu kommunizieren. In diesem Kapitel werden wir eine einfache Technik beschreiben, um erdgebundenen Geistern über die Schwelle zu verhelfen.

Bislang haben wir zahlreiche Gründe für eine derartige Unterstützung angesprochen. Es stellt sich nun die Frage, wie man vorgehen soll. Ist überhaupt jemand dazu in der Lage? Ja und Nein. Jeder besitzt die Fähigkeit, aber nicht jeder sollte den Versuch unternehmen, ohne entsprechend geschult zu sein. Schaut man bei Google nach, wird man die seltsamsten Informationen finden, die sich in der Realität anwenden lassen – oder auch nicht. Es gibt mehrere Möglichkeiten, die Sache in Angriff zu nehmen. Ich werde eine Technik beschreiben, die mir die erfolgreichste zu sein scheint.

Verbindest du dich mit dem Licht, wird die Erdebene mit der geistigen Ebene verbunden, was es den gefangenen Geistern erleichtert, ihren Heimweg zu finden. Die „Crossing-Over-Technik" erfolgt über die Thetawelle. Hast du gelernt, mittels der „Fahrplan zum Licht-Technik" diese Ebene zu nutzen, wird sie dir keine Schwierigkeiten bereiten. Manche werden mehr Zeit benötigen, die Thetawellen-Ebene aufrechtzuerhalten. Andere bedürfen vielleicht der Überzeugungsarbeit, ehe sie unmittelbaren Kontakt aufzunehmen vermögen. Akzeptiere den Punkt, an dem du stehst, und begreife, dass es unser göttlicher Anspruch ist, uns mit dem Licht zu verbinden. Diese Technik bietet dir gleichzeitig die Möglichkeit, viele Geister über die Schwelle zu führen.

Beginnen wir mit der „Fahrplan zum Licht-Technik". Anschließend fügen wir den inneren Impuls ein.

„Crossing-Over-Technik"

1. Setze dich bequem an einen ungestörten Ort.
2. Schließe die Augen. Atme ein und langsam aus, um dich zu entspannen und zu konzentrieren.
3. Fühle, wie die Erdenergie durch deine Fußsohlen in dir emporsteigt.
4. Lasse diese Energie jedes einzelne Chakra sanft öffnen, bis hinauf zum Scheitel-Chakra.
5. Siehe dein Bewusstsein über den Scheitel hinaus in den Raum emporsteigen.
6. Bewege die Energie so lange aufwärts, bis deine Augenlider leicht zu flattern beginnen.
7. Bringe deine Absicht zum Ausdruck, mit Gott, dem Schöpfer, oder was du unter einer höheren Macht verstehst, in Verbindung zu treten.
8. Wenn du fühlst, dass die Verbindung stark genug ist, magst du sprechen:

Schöpfer allen Lebens! Allen niedrig schwingenden Seelen oder Geistern, die sich momentan in diesem Haus aufhalten, sei aufgetragen, jetzt in dein Licht zu treten. Heile sie mit deiner uneingeschränkten Liebe und transformiere sie jetzt in deinem Licht in der höchsten und besten Weise. Danke.

9. Siehe deine Energie mit der Energie des Schöpfers in dein Haus hinabströmen.
10. Erschaue innerlich dein Haus.
11. Beobachte den Vorgang. Du wirst dunkle Energien ins Licht entweichen sehen. Vielleicht nimmst du Gesichter wahr oder fühlst eine Flut von Emotionen. Es dauert nur einen Augenblick. Wenn du fühlst, dass der Prozess abgeschlossen ist, dann ist dem so. Damit er seinen Weg nimmt, musst du ihn beobachten, während du mit dem Licht verbunden bist.

Sind dir derartige Arbeiten vertraut, solltest du lernen, dich mit dem Licht auf einer etwas höheren Ebene zu verbinden. Du wirst den Unterschied erkennen, da du angeschlossen bleiben und den ganzen Tag über von dieser Ebene aus tätig sein wirst, ohne zu ermüden. Außerdem wirst du feststellen, dass die Arbeit ungemein rasch von der Hand geht.

Die „Crossing-Over-Technik" mag dir vielleicht zu einfach und wenig wirkungsvoll erscheinen. Sei versichert: Sie *ist* einfach und wirkungsvoll. Geister gehören nicht hierher. Es ist ein allgemeingültiges Gesetz, dass sie die Schwelle übertreten müssen, wenn man es ihnen aufträgt, während man mit der Schöpfungsenergie verbunden bleibt. Diese Technik kann momentan mehreren Geistern gleichzeitig mühelos den Weg weisen. Um ihre Wirksamkeit unter Beweis zu stellen, werde ich von einem Fall berichten, den ein parapsychologisches Untersuchungsteam erlebte.

Jeder ins Licht!

Es war der zweite Besuch im Haus eines Klienten. Wir wollten einigen Geistern helfen, ins Licht weiterzuschreiten. Seit unserem ersten Besuch herrschte weiterhin viel Unruhe im Haus. Unabhängig von unseren Untersuchungsergebnissen hatte die Familie selbst zahlreiche EVPs eingefangen. Ich war neu in besagtem Untersuchungsteam. Die mediale Person, die die Führung übernahm, wusste nicht, wie ich arbeitete. Bevor wir das Haus betraten, bat sie mich, die belastende Atmosphäre zu lichten, was bedeutete, die Geister über die Schwelle zu schicken. Ich stimmte freudig zu. Sie fragte mich nach meiner Vorgehensweise. Ich erklärte ihr, dass ich mich mit dem Schöpfer verbinde, sobald ich Kontakt zu den Geistern aufgenommen hätte, um anschließend allen eigenwilligen Seelen und Geistern zu gebieten, augenblicklich ins Licht zu gehen. Nach einer Weile meinte sie, sie selbst wolle an jenem Abend diese Arbeit übernehmen. Offensichtlich ging sie in anderer Weise vor, was mich neugierig machte.

Die Unruhe im Haus rührte von verstorbenen Angehörigen, Restenergien und einigen aktiven Geistern her. Auf unserem Rundgang entdeckte ich im unteren Badezimmer den Geist eines jungen Mädchens. Das Zimmer war vollgestopft mit Antiquitäten, die man bei Haushaltsauflösungen und auf Auktionen erstanden hatte. Als ich das Mädchen erwähnte, sahen wir, wie sich Trockenblumen zu bewegen begannen, und hörten in einer Ecke raschelnde Geräusche. Einen Augenblick später fühlte das Medium, dass jemand ihre Schulter berührte und an ihrem Kleid zog. Die Energie dieser kleinen Geistgestalt war so fühlbar, dass wir beschlossen, Tonbandgeräte in dem Zimmer aufzustellen.

Wir verließen den Raum und untersuchten den Rest des Hauses. Eine halbe Stunde später gingen wir zurück, um die Tonbandgeräte abzuhören. Ich fühlte, dass sich der Geist des kleinen Mädchens an ein Porzellangefäß klammerte, das einst ihrer Mutter gehörte und das die derzeitigen Besitzer bei einer Haushaltsauflösung erstanden hatten. Sorgfältig lauschten wir den Tonbandaufnahmen. Freudig überrascht hörten wir eine kindliche Stimme fragen: „Wer sind sie?" und „Warum sind sie hier?"

An diesem Punkt beschloss das Medium, dem Mädchen auf die andere Seite zu helfen. Sie begann, sich mit ihm zu unterhalten, um herauszufinden, warum es hier war und was es davon abhielt, weiter ins Licht zu schreiten. Das Mädchen wartete auf seinen Vater und wusste nicht, wo er sich aufhielt. Nach mehreren vergeblichen Versuchen, das Mädchen zu überreden, über die Schwelle zu treten, bemerkte das Medium, dass wir ihm nicht helfen konnten, da es keine Möglichkeit gab, den Aufenthaltsort und den Namen des Vaters ausfindig zu machen. Es verging fast eine Stunde, bis sich das Medium entschloss, zu einem anderen Geist überzugehen und den Kommunikationsprozess erneut zu beginnen.

Meine Ausbildung unterscheidet sich von anderen Wegen dahingehend, dass ich eine direkte Verbindung zum Schöpfer herstelle. Jemand, der grundsätzlich auf medialer Ebene wirkt, wird sich mit Geistern wie mit lebenden Personen unterhalten. Hält der Geist Informationen zurück oder übergeht sie, liegt es an ihm. Auf medialer Ebene zu arbeiten, bedeutet, sich stärker von der Persönlichkeit und dem Drama der Geister beeinflussen zu lassen.

Meine Erfahrung hat mich gelehrt, dass es kein Drama gibt, arbeitet man von der Thetawellen-Ebene aus. Da der Schöpfer alles weiß, muss ich es nicht wissen. Wenn ich mit dem Schöpfer verbunden bin, kommt mir das göttliche Wissen durch das Licht zugute. Das Überschreiten der Schwelle wird zum einfachen und mühelosen Vorgang.

Da niemand aus dem Team dem Geist des kleinen Mädchens zu helfen vermochte, ging ich schweigend hinauf, um die Sache abzuschließen. Ich war neu in der Gruppe und wollte niemandem auf die Füße treten. Ich schaute empor, schloss die Augen und verband mich mit dem Licht. Dann bat ich:

Schöpfer all dessen, das ist, möge der Vater dieses kleinen Mädchens in seiner höchsten und besten Weise ins Licht gesandt werde. Danke.

Eine Sekunde später nahm ich eine Energie wahr, die sich in das Licht empor bewegte. Ich öffnete meine Augen und wusste, die Arbeit war getan. Es war nicht notwendig zu wissen, wer ihr Vater war. Gott weiß alles. Wenn ich mit dem Licht verbunden bin, wird es geschehen – sauber, einfach und ohne Drama. So hatte man es mich gelehrt.

Das Medium, das sich meiner Arbeit nicht bewusst war, meinte, der Geist des kleinen Mädchens klopfe ihr auf die Schulter, um sich erneut bemerkbar zu machen. Diesmal streckte er ihr die Zunge entgegen, verzog das Gesicht und zeigte auf mich: „Ich möchte mit dieser Dame reden." Wenn ich die Technik, die ich anwendete, jemals infrage gestellt habe, waren jetzt alle Zweifel ausgeräumt. Sofort verband ich mich erneut mit dem Licht und sandte das kleine Mädchen in seiner höchsten und besten Weise ebenfalls ins Licht und beobachtete denselben Prozess. Es war beachtlich, dass das Medium den Geist des Mädchens, mit dem wir arbeiteten, intuitiv sehen und wissen konnte, was er mitzuteilen versuchte. Ihre mediale Begabung beeindruckte mich, und ihre Bestätigung half mir, meine Fähigkeiten, Geistwesen, den Übertritt ins Licht zu ermöglichen, zu festigen.

Schweigend wartete ich darauf, dass das Medium die anderen erdgebundenen Geschöpfe des Anwesens auf die an-

dere Seite schickte. Nach weiteren fünfundvierzig Minuten
wurde ich unruhig. Es war schon spät. Eine weite Heimfahrt
lag vor mir. Die Geister kooperierten nicht. Erneut blickte
ich empor und verband mich mit dem Licht. Diesmal bat
ich:

Heiliger Schöpfer! Möge dieses Haus und das gesamte An-
wesen von allen Geistern, die sich hier aufhalten, befreit
werden. Mögen Menschen und Gegenstände, die von die-
ser verlorenen Energie beeinträchtigt wurden, jetzt in der
jeweils besten und höchsten Weise gereinigt sein und voll-
kommen in dein Licht gesandt werden. Danke!

Ich hielt meine Augen so lange geschlossen, bis ich die gesamte dunkle Energie ins Licht und hinauf zum Schöpfer
entschwinden sah.
Als ich kurz darauf meine Augen wieder öffnete, bemerkte
das Medium, dass sich alle Geister ins Licht bewegten. Einer war besonders widerspenstig gewesen. Während sich ein
Teil bereits im Licht befand, löste sich der Rest nun rasch
darin auf. Verwirrt meinte sie, es hätten sich wohl alle Geister entschieden, gemeinsam zu gehen, sie wisse aber nicht,
warum das so sei.

Andere Möglichkeiten, Erdgebundenen über die Schwelle zu helfen

Gewiss gibt es andere Wege, um Geistern den Übertritt zu ermöglichen. Ich persönlich bevorzuge die ThetaHealing-Technik,
weil sie schnell und einfach ist. Sich mit der Schöpferenergie zu
verbinden, erlaubt es, direkt von der geistigen Ebene aus zu han-

deln. Das macht Sinn, oder? Geister halten sich auf der geistigen Ebene auf. Daher erweist es sich als sinnvoll, mit ihnen auf dieser Ebene zu arbeiten. Andererseits gibt es keinen falschen Weg, ihnen den Übergang zu erleichtern. Ich pflichte jedem bei, der bereit ist, die Geistige Welt auf diese Weise zu unterstützen. Weitere Möglichkeiten wären:

- Man kann den Geist zum nahegelegenen Beerdigungsinstitut führen. Dies gilt besonders dann, wenn er zurückzubleiben gedenkt und die Verbindung zum Licht verloren hat oder dieses so schwach ist, dass er es nicht mehr sehen kann. Manche glauben, dass Beerdigungsinstitute eine Lichtquelle besitzen, was auf den ständigen Durchgang von Verstorbenen zurückzuführen sei. Sollte der Geist neun Tage lang nach dem Tod mit dem Licht verbunden sein, könnte er in einem solchen Institut eine Lichtquelle finden. Es spielt keine Rolle, wenn das Licht einer kürzlich verstorbenen Person und nicht dem umherirrenden Geist gehört. In diesem Zeitraum kann sich jeder dieses Lichtes bedienen. Es gleicht einer Einbahnstraße, die den widerspenstigen Geist zurück zu Gott katapultiert.

- Einem Geist zu erklären, er solle ins Licht gehen, wird gewöhnlich seine Wirkung verfehlen. Solche Geister finden keinen Zugang mehr zum Licht, weshalb sie unserer Hilfe bedürfen. Bist du ein fortgeschrittener Energiearbeiter, mag es dir gelingen, Lichtpforten zu öffnen, die von Geistern genutzt werden können, um die Schwelle zu überschreiten.

- Einige Geister sind sehr besitzergreifend, was ihr Zuhause oder ihr Geschäft betrifft, das sie einst liebten, und werden es nicht freiwillig verlassen. Den Raum mit ihnen zu teilen, mag ein erträglicher Kompromiss sein. Handelt man aber anders, als sie es wollen, begehren sie auf. Du musst ihnen klarmachen, dass es jetzt dein Haus ist. Fordere deinen Raum.

- Vergeude deine Zeit nicht damit, dem Geist zu erklären, er möge seine Familie aufsuchen. Er ist nicht mit dem Licht verbunden oder sieht es nicht mehr. Er nimmt seine Familie, die ihn auf der anderen Seite erwartet, nicht wahr. In den meisten Fällen irren die Geister in der Dunkelheit umher und halten unsere Lebenskraft für das Licht. Gebete können helfen, besonders wenn sie über einer brennenden Kerze gesprochen werden. Den Erzengel Michael zu bitten, sie auf die andere Seite zu bringen, mag ebenfalls wirkungsvoll sein.

- Du kannst die Schar geistiger Helfer und früherer Geister anrufen, die beauftragt sind, in diesem Bereich zu helfen und den Geist zu holen. Du kannst die Engel der Barmherzigkeit anrufen, die Geister zurück ins Licht zu schicken.

- Mehrere Leute können sich bei der Hand nehmen, einen Kreis bilden und sich in meditativer Verfassung in der Kreismitte eine Lichtpforte vorstellen. Wenn sich jeder darauf konzentriert, kann dies sehr machtvoll wirken. Sobald der Geist in den Kreis tritt, wird er durch das Licht augenblicklich himmelwärts geschickt werden. Viele Geister möchten ihre Lieben wiedersehen und von Schmerz befreit sein. Erkläre ihnen, dass ihnen dies helfen wird.

- Dich selbst zu heilen, trägt dazu bei, die Schwingung eines Geistes zu erhöhen, besonders wenn sich der zu heilende Aspekt auf beide bezieht.

- Manchmal genügt es, einen Geist selbst zu heilen, um ihn mit dem Licht zu verbinden und ihm zu helfen, die Schwelle zu überschreiten. Sende ihm Liebe (nicht Mitleid, um nicht in sein Drama verwickelt zu werden) oder Heilenergie. Erfüllt von dem heilenden Licht, wird er mit dem Licht verschmelzen und himmelwärts streben.

- Manchmal haben Geister auch nur das Bedürfnis, ihre Geschichte zu erzählen. Sie mögen dir ein Zeichen geben oder versuchen, den Grund für ihren Schwebezustand mitzuteilen. Stilles Zuhören mag ihnen genügen, da jemand um die Wahrheit weiß. Manche möchten, dass du etwas für sie erledigst, wie ein Verbrechen aufzuklären oder ihren vermissten Jungen zu finden. Du musst dich nicht damit abgeben, obgleich es für einige sehr erfüllend sein mag. Manchmal genügt es dem Geist, wenn jemand weiß, dass er sich nicht absichtlich umgebracht hat und es sich bei seinem Tod um einen Unfall handelte, ehe er weiterschreiten kann. Am besten bringt man ihn zuerst auf die andere Seite und arbeitet dann mit ihm auf geistiger Ebene. Biete ihm deine Hilfe an, sobald seine Energie im Licht geheilt wurde. Es wird dir Zeit und Mühe ersparen, da Geister nicht immer die Wahrheit sagen. Sobald er die andere Seite erreicht hat, wird er konstruktiver mit dir zusammenarbeiten können.

- Obwohl die Verbrennung von Salbei die Schwingung eines Raumes erhöhen und das Festhalten eines Geistes daran lösen kann, genügt es nicht, ihn über die Schwelle zu bringen. Handelt es sich um einen sehr widerspenstigen Geist, sind solche Hilfsmittel angebracht, um seine Energie erst von dem Ort zu lösen und ihn dann auf die andere Seite zu bringen.

- Bei dem Versuch, einem Geist über die Schwelle zu helfen, kann es geschehen, dass jemand unwissentlich sein eigenes Licht dabei einsetzt. Forderst du einen Geist auf, sich dem Licht zuzuwenden, und das einzige Licht, das er sieht, ist dein Licht, das von dir ausstrahlt, wird er es nutzen. Oft wird er sich daran festklammern, anstatt die Schwelle zu überschreiten. Du magst dir dessen nicht bewusst sein, bis deine Gesundheit darunter zu leiden beginnt und du dich ausgelaugt fühlst. Besser ist es, das Schöpferlicht einzusetzen und den Prozess als abgeschlossen zu betrachten.

Geister bleiben in ihrem Drama gefangen, was von ihrem Ego ausgeht. Widmest du ihnen zu viel Zeit, kann es geschehen, dass du anfängst, ihr Leben zu leben. Du hast dein eigenes Leben im Hier und Jetzt. Mit Geistern zu arbeiten, kann bereichernd sein, aber halte es in Grenzen.

Vergebung ermöglicht es dem Vater, die Schwelle zu überschreiten

Während der Behandlung einer Klientin nahm ich Kontakt zu einem verstorbenen Angehörigen auf, der sie begleitete. Damals wusste ich nichts über sie oder ihre Familie. Ich fühlte eine Art Vater-Energie, die sie umgab, etwas aus der Ordnung geraten, so wie ein Alkoholiker. Als ich meiner Klientin davon erzählte, wurde sie sehr emotional und bestätigte, dass ihr Vater, ein Alkoholiker, verstorben sei. Sie hoffte, dass er sich an jenem Abend bemerkbar machte, da sie ihn bereits seit einer Weile sehr stark spürte. Als ich mich auf seine Energie einstellte, nahm ich sein Äußeres war, seine Haltung und seine Kleidung. Ich spürte seine Zerknirschung. Er zeigte sich mir in dunklen Grautönen, was darauf schließen ließ, dass er noch nicht ins Licht gegangen war und der Heilung bedurfte. Als ich meiner Klientin beschrieb, wie er mir erschien, wusste sie, dass sie ebenfalls geheilt werden musste.

Sie fragte mich, ob sie zu seinem jetzigen Zustand beigetragen haben konnte, denn sie hatte ihm noch nicht verziehen. An jenem Abend beschloss sie, der restlichen Familie mitzuteilen, dass sie ihm vergeben müsse, damit er ins Licht gelangen könne. Der Vater hatte der gesamten Familie viel Elend bereitet. Ihm zu verzeihen, fiel ihr nicht leicht. Als sie jedoch erkannte, dass sie ihn daran hinderte, weiter voranzuschreiten, beschloss sie, ihm aus Liebe zu verzeihen und ihn zu befreien.

Dieser spezielle Heilungsprozess befreite jedes einzelne Familienmitglied von dem Unvermögen, dem Vater vergeben zu können, der nun befreit ins Licht zu gehen vermochte. Konnte dies geschehen, weil sich die Reue in Dankbarkeit wandelte oder weil ihn die Vergebung als solche heilte? In jedem Fall veränderte sich seine Schwingung. Er vermochte es, ungehindert mit dem Licht zu verschmelzen.

Es freut mich, die „Crossing-Over-Technik" weitergeben zu können. Ich glaube, es sollten jetzt mehr Leute diese Fähigkeiten ausbilden. Geister haben niedrige und dumpfe Schwingungen, von denen die Lebenden negativ beeinflusst werden. Wie viele Millionen von Geistern mögen die Schwingung des Planeten beeinträchtigen?

Mit jeder erdgebundenen Seele, der du hilfst, das Licht zu finden, nimmst du an der Heilung der planetarischen Schwingung teil. Außerdem hilfst du den leidenden Hinterbliebenen des Geistes. Die sich allmählich ausbreitende Wirkung reicht weiter, als du es dir vorzustellen vermagst.

6

Besessenheit und Unterdrückung

Je mehr Erfahrungen man in der Geistigen Welt sammelt, desto wahrscheinlicher wird man einem Wesen begegnen, das man weder als Geist noch als Geistwesen bezeichnen kann. Ich würde dir einen schlechten Dienst erweisen, wenn ich sie nicht erwähnte und dich lehrte, auch diese zu vertreiben. Wahrscheinlich werden nur wenige ihre Bekanntschaft machen, trotzdem sollte man vorbereitet sein. Der Reinigungsprozess gestaltet sich ebenso einfach wie die „Cross-Over-Technik", mit dem kleinen Unterschied, dass man den Namen des Wesens kennen sollte, um es zu vertreiben.

Es mag schier unmöglich klingen, den Namen eines solchen Wesens in Erfahrung zu bringen. In Wirklichkeit ist es aber einfach und meistens recht unspektakulär. Mithilfe der Theta-Gehirnwelle kann jeder jedes dunkle Wesen sicher und wirkungsvoll davonjagen. Ich bin überzeugt, dass die Austreibung von bösen Geistern deshalb häufig fehlschlägt, weil der Priester in den meisten Fällen von der physischen Ebene aus arbeitet, um etwas auf der geistigen Ebene zu bewirken. Meiner Ansicht nach käme Priestern eine Technik wie das ThetaHealing zugute, um auf der anderen Seite effektiver tätig zu sein. Man muss nicht stärker sein als die dunkle Kraft, denn wenn man sich mit dem Licht verbindet, stehen einem alle Kräfte des Himmels zur Verfügung.

Die Technik, dunkle Energien zu reinigen, besteht darin, sie zu Gott zurückzusenden, damit sie im Licht transformiert werden. Achte darauf, dass du nicht nur die Person oder den Ort reinigst,

ohne dich zu vergewissern, dass sie tatsächlich zu Gott zurückkehren. Andernfalls greifen sie dich an. Sie müssen die irdische
Ebene verlassen.

Dämonenaustreibung

1. Lasse dich bequem an einem ungestörten Ort nieder.
2. Schließe die Augen. Atme langsam ein und aus, um dich zu entspannen und zu konzentrieren.
3. Fühle die Energie von Mutter Erde durch deine Fußsohlen in dir emporsteigen.
4. Lasse diese Energie jedes einzelne Chakra sanft öffnen, während sie zum Scheitel aufsteigt.
5. Siehe dein Bewusstsein durch das Kronen-Chakra hinaus emporfließen.
6. Lasse die Energie so lange aufsteigen, bis deine Augenlider sanft zu flattern beginnen.
7. Bekunde deine Absicht, dich mit Gott, dem Schöpfer – oder was deine höhere Macht ist – zu verbinden.
8. Hat sich diese Verbindung gefestigt, magst du sprechen:
   Schöpfer, es sei verfügt, den Namen dieses Wesens jetzt zu kennen.
   Intuitiv wirst du den Namen augenblicklich hören oder wissen. Dann sprich:
   Schöpfer, mögest du (Name) jetzt ins Licht holen. Danke.
9. Lasse deine Energie von der Energie des Schöpfers an den Ort herabfließen, aus dem du das Wesen vertreiben möchtest. Dazu gehört auch der Körper der Person, die das dämonische Wesen momentan beherbergt.
10. Vergegenwärtige dir innerlich den Ort/die Person.
11. Beobachte den Vorgang. Du wirst dunkle Energien ins Licht strömen sehen. Warte, bis der Prozess abgeschlos-

sen ist. Vergewissere dich, dass das Wesen den gesamten Weg nach oben ins Licht genommen hat. Stelle dir vor, du schlägst eine Tür zu, um es daran zu hindern, zurückzukehren. Dieser Vorgang muss aus der Verbindung mit dem Licht heraus verfolgt werden, damit er Wirkung zeigt.

Dunkle Wesen können sich an jedem Ort und in jeder Person aufhalten. Begegnest du einem besonders dunklen Spuk, mag ein dämonisches Wesen daran beteiligt sein. Werden die dort lebenden Leute zerkratzt oder sehen glühend rote Augen, hören Grunzen oder Knurren oder fühlen sich bedroht, handelt es sich mit größter Wahrscheinlichkeit um ein dämonisches Wesen. Als Erstes sollte man allen dort gefangenen Seelen helfen, die Schwelle zu überschreiten. Dies engt den Kreis der Geister ein, mit denen du arbeiten willst. Handelt es sich um einen bedrohlichen Geist, nicht um einen Dämon, wird er mithilfe der „Crossing-Over-Technik" den Ort verlassen. Entfernt er sich nicht, und du fühlst, dass er dir schaden will, setze die „Dämonenaustreibung" ein. Wenn du das Wesen beim Namen rufst, während du in Verbindung zum Licht stehst, wird es gehen müssen.

Es gibt Leute, die behaupten, es gebe keine wirkliche Besessenheit. Vielleicht liegt dies daran, dass sie diesen Zustand noch nicht erlebt haben. Es scheint töricht und naiv zu sein, die andere Seite zu begrenzen und zu erwarten, dass die Geister den Richtlinien von Schwarz und Weiß folgen. Betrachte die gesamte Geistige Welt als einen grauen Raum, in dem die Dinge geschehen, selbst Jahre nachdem du deine Gedanken und Überzeugungen über das, was du verstehst, gebildet hast. Der Mensch neigt dazu, die Dinge begreifen zu wollen, um sich sicher zu fühlen. Die Geistige Welt besteht aus unendlich vielen Möglichkeiten, die dich aufrütteln und dich jedes Mal etwas Neues lehren, sobald du mit ihr in Berührung kommst.

Dunkle Wesen mögen in Gestalt eines verärgerten Geistes, einer seltsamen Kreatur oder eines Dämons auftauchen. Ebenso können sie sich als der scheinbar harmlose Geist eines Kindes ausgeben oder eines Geistes, den man normalerweise willkommen heißt. Sie sind sehr manipulativ und werden versuchen, dich zu täuschen, um Macht zu gewinnen. Es spielt keine Rolle, ob das dunkle Wesen die Gestalt eines Geistes annimmt. Wichtig allein ist, dass du ihre Realität erkennst, damit du gut vorbereitet bist, um sie auszulöschen, falls du ihnen begegnest. Ebenso wie es gute und böse Menschen gibt, existieren in der Geistigen Welt gute und böse Wesen.

Als ich nach Medjugorje reiste, begleitete uns ein Priester. Er arbeitete mit jedem, der lernen wollte, und lehrte uns drei Tage lang, wie man dunkle Wesen heilen und erlösen kann. Es überraschte mich, dass er durchschnittlichen Laien seine Heilweise lehrte. Er meinte, es gäbe einen großen Bedarf an Heilungsarbeit auf unserem Planeten und zu wenige Priester, die sie ausführten. Wir alle sollten lernen, uns selbst und andere zu heilen. An jenem Tag änderte sich mein Leben, denn endlich hatte ich die Erlaubnis, das zu tun, zu dem ich mich berufen fühlte.

Der Priester wies uns an, den Namen des Dämons einzufordern, wenn wir mit dunklen Wesen arbeiteten. Er meinte, man könne sie mit den Worten „Blut Christi" ebenfalls austreiben. Diese Worte an sich seien ungeheuer machtvoll. Im Laufe der Jahre befolgte ich seine Ratschläge. Die Resultate waren beeindruckend. Außerdem lernte ich möglichst jede Methode, Geister zu befreien und mit Energie zu arbeiten, um gut vorbereitet zu sein. Die Methoden ähneln sich, mit Ausnahme der ThetaHealing-Technik, die sich einer langsameren Gehirnwelle bedient und es erlaubt, den Reinigungsprozess auf spiritueller Ebene zu verfolgen.

Heilung von einem Angriff

In jedem Haus, in dem ich als Erwachsene lebte, gab es einen speziellen Behandlungsraum. Leute, die Heilung suchen, finden mich gewöhnlich über Freunde oder frühere Klienten. Eines Tages suchte mich eine junge Frau auf, die mir aber nicht sagte, worum es ging. Später fand ich heraus, dass es eine Art Test sein sollte, da sie bereits verschiedene Heiler um Rat gebeten hatte, aber ohne Erfolg.

Als sie mich damals aufsuchte, lebte ich zusammen mit einem Freund, einem Physiotherapeuten, und meiner fünf-jährigen Tochter in dem Haus. Ich bat meinen Mitbewohner, mich bei der Behandlung zu unterstützen. Wir entzündeten eine Kerze und begannen, die Frau energetisch zu behandeln, während wir beteten. Zunächst schien nichts zu geschehen, bis ich mich daran erinnerte, was jener Priester mich gelehrt hatte. Flackernd schoss die Kerzenflamme etwa dreißig Zentimeter über dem Docht empor. Wir bemerkten es beide und wussten, dass etwas Machtvolles passieren würde. Meine Tochter gesellte sich zu uns, um uns zu unterstützen, indem sie der Klientin Liebe sandte.

Plötzlich baute sich eine gewaltige explosive Energie im Zimmer auf. Unsere Klientin jammerte schmerzvoll, als sie sich wie ein Fötus einrollte. Einige Minuten lang zog sie sich krampfhaft zusammen und stieß schließlich einen leisen Schrei aus. Als sie mit uns sprechen konnte, erzählte sie, vor vielen Jahren Opfer einer Vergewaltigung geworden zu sein. Sie gestand, mehrere Therapeuten aufgesucht zu haben, die ihr den Schmerz aber nicht zu nehmen vermochten.

Oft geschieht es, dass der Dämon, der den Angreifer beeinflusste, das Opfer des Gewaltangriffs besetzt. Er hüpft sozusagen von einem Wirt zum nächsten. Mitunter ist das

Opfer emotional und geistig so geschockt, dass es in seiner Schwäche zum Einfallstor für das Wesen wird. In unserem Fall half die Energiebehandlung der Klientin, sie zu öffnen und auf das vorzubereiten, was im Begriff stand, sie zu verlassen. Die Worte „Blut Christi", die ich murmelte, katapultierten den Dämon aus ihr heraus. Als ich sie Monate später wiedersah, war sie ein neuer Mensch. Sie hatte vieles in ihrem Leben verändert und war wieder fröhlich.

Ruhebett

Als ich eines Tages mit einer Klientin arbeitete, bemerkte ich ein übles Wesen in ihr. Man hatte ihr psychische Gesundheitsprobleme attestiert und recht starke Medikamente verordnet. Sie konnte sich nicht mit Gott verbinden. Nach mehreren vergeblichen Versuchen bat sie mich um Hilfe.

Medikamente können die Fähigkeit eines Menschen beeinträchtigen, sich mit dem Licht zu verbinden. In diesem Fall jedoch war die Frau zur Wohnstatt eines sehr dunklen Wesens geworden. Als ich die Situation erkannte, erinnerte ich mich an meine frühere Ausbildung im Umgang mit dunklen Geistern. Alles, was jener Priester mich gelehrt und was ich im ThetaHealing gelernt hatte, verschmolz miteinander. Ich war mir sicher, dass die Technik, die ich anwendete, wirken würde und fuhr mit der Behandlung fort.

Um die Klientin nicht zu beunruhigen, setzte ich mein Pokergesicht auf und fragte sie, ob ich sie von negativer Energie befreien dürfe. Sie bejahte. Ich verband mich mit dem Licht und befahl schweigend, den Namen des Dämons zu wissen. Intuitiv empfing ich ihn augenblicklich. Innerlich rief ich den Dämon beim Namen und befahl ihm, zurück zu Gott zu gehen. Ich beobachtete den dunklen Schatten, wie er hinauf ins Licht zog, und schlug die Himmelspforte hinter ihm zu. Es ist Gottes Gesetz – wenn du einem solchen Wesen den Befehl erteilst, während du mit dem Licht verbunden bist, muss es entweichen. Als ich erkannte, dass der Vorgang abgeschlossen war, öffnete ich die Augen und arbeitete an den Glaubensvorstellungen meiner Klientin.

Unvermittelt nahm sie Abstand von mir und meinte, sie müsse sich hinlegen. Sie bat um Saft oder etwas anderes zu trinken und sank auf das Ruhebett in meinem Behandlungsraum. Ich erzählte ihr nichts von dem dunklen Geist, der sie besessen und den ich entfernt hatte. Die Angst hätte sie aufgefressen. Es war interessant zu beobachten, wie ihr Körper auf die Beseitigung einer solch mächtigen Energie reagierte.

Dies war meine erste Erfahrung, Besessenheit mithilfe der ThetaHealing-Technik zu behandeln. Seither sind mir mehrere derartige Fälle begegnet, die ich in gleicher Weise leicht und wirkungsvoll beheben konnte. Bei den meisten Fällen handelt es sich eher um Unterdrückung als um Besessenheit.

Persönliche Dämonen

Vor vielen Jahren erlebte ich etwas, das meine Sichtweise des Bösen veränderte. Ich schien mich in einem Kampf zwischen Gut und Böse zu befinden. Mein damaliger Lebenspartner musste sich mit seinen eigenen Dämonen herumschlagen. Manche Leute mögen körperlichen Missbrauch, Drogen oder Alkohol als persönliche Dämonen betrachten. Natürlich glaubte ich, ihm helfen zu können, indem ich ihn genügend liebte. Er war ziemlich gebrochen und in seiner Weise festgefahren. Ich beschloss, einen Heilungs-Gottesdienst zu besuchen, um den Aspekt in mir zu heilen, der stets denselben Typ von Männern anzog. Mein Partner begleitete mich. Als ich an die Reihe kam, um geheilt zu werden, taumelte er zum Altar, stellte sich neben mich und bat um die Heilung unserer Beziehung. Ich fühlte mich beschämt, neigte aber meinen Kopf, damit die Gruppe dennoch für uns beten möge.

Während sie betete, fühlte ich scharfe Fingernägel meine Wirbelsäule emporkriechen. Mit geneigtem Kopf sah ich, wie sich mein schwerer Wollpullover hob und eine unsichtbare Kreatur aus mir hervorkroch. Ich war entsetzt, dass so etwas in mir gewesen war. Die Heilerin meinte, ich hätte dies für jemanden auf mich genommen, den ich liebte. Sie riet mir, mich augenblicklich mit Liebe zu füllen, damit die Kreatur nicht zurückkehren konnte.

Manche Leute halten Besessenheit für einen Vorwand, wenn jemand seine Schandtaten nicht eingestehen will. Ich bin der Ansicht, dass es viel mehr Besetzungen gibt, als wir annehmen. Unsere Gefängnisse sind voll davon. Andererseits entbindet dies den „physischen Wirt" nicht von der Verpflichtung; denn er trägt die Verantwortung dafür, den spirituellen Körper so zu schwächen, dass es einem Wesen leichtfällt, sich einzunisten.

Wie wird jemand spirituell schwach? Ebenso wie der Geist sich dem Licht zu- oder abwenden kann, treffen auch die Lebenden eine solche Wahl. Jeden Tag werden wir mit moralischen Entscheidungen konfrontiert, die dazu beitragen, unseren Geist zu stärken oder zu schwächen. Wenn wir lügen, schwächen wir unseren Geist. Wenn wir jemanden absichtlich verletzen, schwächt sich der Geist. Die Wahrheit hingegen ist eine starke Kraft, die den Geist stets stärkt. Jemandem beizustehen und zu heilen (einschließlich sich selbst), stärkt den Geist.

Was die geistige Energie betrifft, müssen wir andere als einen Teil von uns selbst sehen. In unserer Umgebung sind wir stets mit jedem Diesseits und Jenseits des Schleiers verbunden. Oft möchte jemand Gutes tun und ein gutes Leben leben, fühlt sich aber von seiner Umgebung niedergedrückt. Ein missbrauchtes Kind wird oft zum missbrauchenden Elternteil. Gleichgültig wie sehr die betroffene Person sich bemüht, sich anders zu verhalten, die unterbewusste Prägung führt zum Missbrauch zurück. Diese unterbewussten Programme können geändert und geheilt werden. Gleichgültig, wie du als Kind behandelt wurdest, du kannst Heilung suchen und deinen Lebensweg ändern, wenn du willst.

Hat jemand in seinem Leben gewöhnlich Entscheidungen getroffen, die anderen zum Schaden gereichten, schwächt er seinen Geist und verdunkelt sein Licht. Bei lebenden Personen fällt es niedrig schwingenden Wesen leicht, sich bei ihnen einzunisten. Dies kann auch im Laufe einer langwierigen Krankheit geschehen, wenn die Person alle Hoffnung aufgibt oder ihren Körper Drogen und übermäßigem Alkoholgenuss aussetzt. Die spirituelle Schwingung mancher Leute ist so niedrig, dass sie sich seelenlos fühlen. Mit ihrem hohlen, glanzlosen Blick gleichen sie umherirrenden Geistern. Solche Leute bilden hervorragende Gefäße für dunkle Wesen.

Manchmal möchte jemand spirituell stark sein, ist aber erfüllt von Furcht und dunklen Kräften. Dies resultiert gewöhnlich aus einer streng religiösen Erziehung, die dem Individuum dienen sollte, die es aber in Wahrheit aufgrund von Furcht schwächt. Furcht besitzt eine sehr niedrige Schwingung. Es liegt an jedem Einzelnen, sich mit seinen Ängsten auseinanderzusetzen, um zu lernen und zu wachsen.

Ein dunkles Wesen kann die Menschen, die in seinem Umfeld leben, beeinträchtigen oder durch Unterdrückung und Besetzung unmittelbar Einfluss nehmen.

Unterdrückung

Eine Unterdrückung liegt vor, wenn ein dunkles Wesen oder ein Geist versucht, dich allmählich zu brechen, damit es oder er dich besetzen kann. Einige klassische Symptome der Unterdrückung:

- Zwanghafte Gedanken und Gefühle.
- Extrem niedriges Selbstverständnis.
- Ständige Verwirrung.
- Unfähigkeit, an Gott zu glauben (oder Hoffnung oder Güte).
- Ärger oder Feindseligkeit in anderen sehen, obwohl sie nicht existieren.
- Albträume mit dämonischen Bildern.
- Gewalttätige Gedanken (selbstmörderisch, mörderisch, selbstquälerisch oder ähnlicher Art).
- Ungeheure Feindseligkeit oder Furcht bei der Begegnung mit jemandem, der sich mit Heilungsarbeit befasst. Dies mag jemand sein, der böse Geister vertreibt oder jene befreit, die von bösen Geistern besetzt werden.
- Tiefe Depression oder Verzagtheit.
- Irrationale Ängste, Panikattacken und Phobien.
- Irrationale Verärgerung oder Wut.
- Irrationale Schuldgefühle und Selbstverachtung.
- Der Wunsch, richtig zu handeln, ohne dazu fähig zu sein.
- Plötzliche Persönlichkeits- und Verhaltensänderungen.
- Zwanghafte Verhaltensweise.
- Eine starke Aversion Gott gegenüber.
- Leerer Blick mit Kontraktion der Pupillen.
- Triebhafter Sex.

- Lügen, übertreiben oder stehlen.
- Essstörungen (Bulimie und Magersucht).
- Irrationales Gelächter oder Weinen.
- Gesichtszüge verzerren oder verändern sich.
- Unfähigkeit, dir in die Augen zu schauen.
- Drogenmissbrauch (besonders bei dämonischen Halluzinationen).
- Zwang, sich selbst und andere zu verletzen.
- Plötzliches Reden in einer zuvor nicht gekannten Sprache.
- Verbale oder körperliche Reaktion auf den Namen und das Blut Jesu.
- Extreme Ruhelosigkeit (besonders in einem spirituellen Umfeld).
- Unkontrollierbar spitze und höhnische Zunge.
- Vulgäre Sprache und Handlungen.
- Bewusstseinsprobleme.
- Mangelndes Zeitgefühl (von Minuten bis Stunden – irgendwo zu landen, ohne zu wissen, wie man dorthin gekommen ist. Regelmäßig Dinge tun, an die man sich nicht mehr erinnert).
- Extreme Schläfrigkeit in Zusammenhang mit spirituellen Dingen.
- Demonstration plötzlich auftretender außergewöhnlicher Fähigkeiten.
- Stimmen im Kopf hören (sie höhnen, ängstigen, beschuldigen, drohen oder feilschen).
- Das Subjekt spricht von sich selbst in der dritten Person.
- Ungewöhnliche medizinische Probleme.
- Krampfanfälle.
- Blackouts.
- Schmerz (ohne ersichtlichen Grund, besonders im Kopf und im Magen).

- Physische Beschwerden, die oft durch den Befehl einer geistigen Autorität augenblicklich behoben werden können.
- Plötzlich auftretendes Ohrsausen, momentane Unfähigkeit zu sprechen oder zu hören, heftige Kopfschmerzen, erhöhte Empfindsamkeit gegenüber Lärm oder Berührung, Schüttelfrost oder überwältigende Körperhitze, Taubheit in Armen oder Beinen und sogar vorübergehende Lähmungserscheinungen.

Nicht alle Symptome müssen vorhanden sein. Das geübte Auge eines Menschen, der mit solchen Energien arbeitet, wird es erkennen.

Wenn du annimmst, du oder jemand aus deinem Freundeskreis werde unterdrückt, sollte man sich helfen lassen. Es handelt sich um eine spirituelle Angelegenheit, die sich nicht erledigt, bis sie auf geistiger Ebene behandelt wurde. Es mag schwerfallen, um Hilfe zu bitten, weil das Wesen nicht vertrieben werden will. Es wird alles versuchen, in der Nähe zu bleiben.

Manchmal können psychisch sehr offene Menschen von einem dunklen Wesen angegriffen werden. In einem solchen Fall muss man mehr Verantwortung übernehmen, um spirituell zu wachsen und zu lernen, sich vor niedrigen Energien zu schützen. Mitunter öffnen sich Erwachsene wieder für ihre natürlichen Fähigkeiten. In den meisten Fällen geschieht dies im Alter von etwa vierzig Jahren.

Dämonenmagnet

Mein Mann wurde regelmäßig von dunklen Wesen angefallen, die er mit nach Hause brachte. Meiner Tochter und mir fiel es auf, da er im wahrsten Sinne des Wortes ein anderer Mensch war und sich schlecht benahm. Ich gab ihm das „Erzengel-Michael-Gebet" und bat ihn, es auf der Heimfahrt im Auto zu sprechen. Wenn er es vergaß oder seine Energie nicht reinigte, gab es zahlreiche unerklärliche Belästigungen im Haus.

Einmal kam er nach der Arbeit spät nach Hause. Als er sich duschte, fiel ihm ein, dass er das Gebet vergessen hatte, und er holte es unter der Dusche nach. Ohne weiter darüber nachzudenken, legte er sich zu Bett. Kurze Zeit später hörten wir, wie sich das Wasser von selbst wieder einschaltete. Der Duschkopf fiel von der Wandhalterung. Die Flaschen mit dem Shampoo und der Haarspülung stürzten vom Regal und landeten mit heftigem Dröhnen auf dem Boden. Ich fragte ihn, ob er vergessen habe, sich zu reinigen, bevor er nach Hause kam. Er gab zu, dass dies erst in der Dusche geschehen war.

Scheidungsdämonen

Als wir anfingen, miteinander auszugehen, hatte mein Mann ein Erlebnis. Nach seiner Scheidung lebte er vorübergehend im Haus seiner Eltern. Er schlief im Gästezimmer und wachte auf, als sich jemand oder etwas am Fußende des Bettes niederzulassen schien. Instinktiv trat er mit den Füßen, öffnete die Augen und blickte sich um. Über seinem Bett wirbelten dunkle Schattenfiguren an der Zimmerdecke. Er war entsetzt und wusste nicht, wie er sich schützen sollte. Seither haben wir viel über Schutzmaßnahmen gelernt und wie wichtig es ist, sich selbst durch Gebet und Meditation mit Licht zu umhüllen.

Mein Mann hat gelernt, seine Energie im Gleichgewicht zu halten und sich durch Meditation zu schützen, zu heilen und zu reinigen. Jene Störungen erleben wir nicht mehr. Jeder kann es lernen!

Um geistige Unterdrückung zu überwinden, muss man Stellung beziehen. In irgendeiner Weise sollte man seine Schwingung erhöhen. Dies mag durch eine Diät oder Körperübungen geschehen, durch Weglassen von Drogen oder Alkohol, durch Vergebung, die Überwindung von Angst, Meersalzbäder, indem man die Wohnung mit Salbei ausräuchert, erhebender Musik lauscht und darauf achtet, mit wem man sich umgibt. Man sollte nach positiv eingestellten Freunden mit einer höheren Schwingung Ausschau halten. Mittels Meditation oder Gebet verbinde man sich mit dem Licht und/oder bitte einen Heiler oder spirituellen Ratgeber um Hilfe. Sobald man das Problem besiegt hat, wird der Ärger aufhören. Man wird kein Spielball mehr sein.

Besessenheit

Besessenheit bedeutet, dass es die Person zulässt, dass ein Geist oder ein Wesen die Kontrolle übernimmt. Du machst den Fehler, auf das Wesen einzugehen und es zu ermutigen, zu bleiben und Zeit mit dir zu verbringen, anstatt es wegzuschicken. Mit anderen Worten, du musst so unklug sein, es zu dir einladen, damit es dich besetzen kann. Als lebende Person besitzt du die Autorität, dich selbst zu schützen. Ein Geist oder ein Wesen kann sich nicht in einem lebenden Körper aufhalten, wenn er nicht zugelassen wird. Niemals und unter gar keinen Umständen darf man es einem Geist erlauben, in seinen Körper einzudringen.

7

Geisterorte

Wenn du mehr über Geister erfahren willst und wohnst gerade nicht in einem Haus, in dem es spukt, solltest du Orte mit ungewöhnlichen Vorkommnissen ausfindig machen. Man muss nicht weit reisen. Es gibt sie überall. In diesem Kapitel werde ich einige solcher Orte aufzählen. In den letzten Jahren kommen sie immer häufiger vor. Es stellt sich die Frage, ob es mehr Geister gibt oder einfach nur mehr Leute, die sie mithilfe der Parapsychologie aufspüren. In der Vergangenheit verließ man sich allein auf den visuellen Kontakt mit einem Geist. Heute stehen uns Mittel zur Verfügung, die solche Phänomene erhellen, was der Öffentlichkeit Zugang zu einer Welt gewährt, die ihr bislang verschlossen blieb.

Außerdem hat eine allgemeine Bewusstseinsänderung stattgefunden. Es wird eher akzeptiert, über Geister zu reden. Immer mehr Menschen sprechen über ihre Erfahrungen. Hängt dies mit der Veränderung der Erdschwingung zusammen, die den Schleier zwischen den Welten buchstäblich fallen lässt? Der Schleier, der uns von der anderen Seite trennt, existiert nur in der Vorstellung. Genauer gesagt, er bildet die Trennungslinie zweier Schwingungsebenen. Gibt es heute tatsächlich mehr Verstorbene, die nicht ins Licht treten wollen, oder sind wir uns ihrer nur bewusster?

Man kann wohl nicht behaupten, dass der Tod in der einen Epoche tragischer verlief als in einer anderen. Seit jeher starben Menschen auf grauenvolle Weise auf dem Schlachtfeld, als

Menschenopfer oder bei Hungersnöten. Es gab Seuchen, die ganze Städte hinwegrafften, und Naturkatastrophen, die auf einen Schlag Hunderte von Leben forderten. Die Menschen haben den Tod auf zahllose Weisen erlebt, durch Mord, Selbstmord, Gesundheitsprobleme oder Ertrinken. Gleich auf welche Weise jemand stirbt, es wird sich immer auf die Lebenden auswirken. Die Nationalität oder der Volksstamm spielen dabei keine Rolle. Wir alle erleben den Tod und den Verlust unserer Lieben, begleitet von Emotionen wie Trauer oder dem Gefühl, etwas unerledigt zurückgelassen zu haben.

Wovon hängt es ab, ob eine Seele den Übergang ins Licht reibungslos vollziehen kann oder zurückbleibt und als erdgebundene Geistgestalt wahrgenommen wird? Hängt die Entscheidung von der Ungerechtigkeit des Todes ab? Der Brutalität? Oder dem Augenblick, in dem er eintritt? Alle diese Faktoren spielen eine Rolle bei der Entscheidung zurückzubleiben, aber letztlich ist es eine Frage des *freien Willens*. Dies bedeutet, dass wir sowohl einem Geist begegnen können, der bei einem tragischen Unfall ums Leben kam, als auch jemandem, der an Altersschwäche starb.

Viele Menschen, die beschließen, mit der Welt der Geister zu arbeiten, scheinen von der anderen Seite dazu ausersehen zu sein. Es handelt sich um diejenigen, die Zeit ihres Lebens wiederholte Erfahrungen mit der Geistigen Welt gemacht haben und den Ruf zu helfen nicht ignorieren können. Für solche Leute erübrigt es sich, Ausschau nach Geistern zu halten, da sie von ihnen gefunden werden. Aber sie müssen lernen, sie zu unterscheiden, sich zu schützen und den Geistern über die Schwelle zu helfen. Hat man erst einmal die in diesem Buch beschriebenen Techniken angewandt, um Geister zu heilen und sie ins Licht zu geleiten, wird der Vorgang zur zweiten Natur. Man mag diese Arbeit berufsmäßig ausüben oder in die Alltagsroutine einbauen.

Um die Chance zu erhöhen, eine verlorene Seele zu finden, ist es sinnvoll, Orte aufzusuchen, an denen viele starben. In jeder Gegend gibt es historische Dokumente, die dafür aufschlussreich sein können. Durchforste die Stadt, in der du lebst, nach Unglücksfällen. Wo immer Menschen aufgrund einer Tragödie ihr Leben verloren, wird man möglicherweise erdgebundene Geister finden. Erzählt man sich in deiner Stadt Geschichten über Orte, an denen es spukt, mögen diese der Einstieg sein. Geister sind stets ein Teil der unsichtbaren Landschaft gewesen, die uns umgibt. Nun wird es dir möglich sein, mit ihnen zu kommunizieren.

Geisterorte

Krankenhäuser

Krankenhäuser sind Orte, an denen der Tod oft eintritt. Fast jede Stadt besitzt eine solche Einrichtung. Natürlich wirst du nicht durch ein betriebsames Krankenhaus laufen. Sollte es aber leer stehen oder für andere Zwecke verwendet werden, kannst du es vielleicht untersuchen. Man muss sich nicht innerhalb des Gebäudes aufhalten, um mit Geistern zu kommunizieren. Es genügt, wenn man sich in seine Nähe begibt. Sie werden dich finden.

Pflegeheime

Im Alter verlieren die Menschen oft die Fähigkeit, für sich selbst zu sorgen, und ziehen dann in ein Altenheim. Solche Einrichtungen pflegen Leute, die dem Tode nahe sind. Viele werden dort einmal sterben und in die Geistige Welt gehen. Es ist eine natürliche Lebensphase, während der die Menschen auf ihre letzten Tage warten, ihr Leben überdenken und sich auf den Tod vorbereiten. In diesem Stadium müssen sie oft viele Medikamente einnehmen, von denen sich einige auf ihre natürlichen Fähigkeiten auswirken und bisweilen in den harmonischen Übergangsprozess eingreifen. Auch in diesem Fall muss das Gebäude aus der Entfernung untersucht werden. Man sollte nach einer Einrichtung Ausschau halten, die nicht mehr in Betrieb ist. In einem alten, verlassenen Krankenhaus oder Pflegeheim spukt es mit größter Wahrscheinlichkeit.

Bestattungsinstitute

Bestattungsinstitute dienen als Versammlungsort für die jüngst Verstorbenen und deren Hinterbliebenen. Aufgrund der Fülle menschlicher Emotionen und dem kürzlich erfolgten Verlust des Lebens herrscht an diesen Orten rege Aktivität. Bestattungsinstitute sollen große Lichtquellen sein, was darauf zurückzuführen sein mag, dass sie alle kürzlich Verstorbenen beherbergen, deren Seelen die Verbindung zu ihrer Lichtquelle noch aufrechterhalten. Es gibt Geister, die ihre eigene Lichtquelle verloren haben und sich der eines anderen Geistes bedienen, um in die geistigen Sphären zu gelangen. Ich glaube, die meisten Leute verweilen nach ihrem Tod in Erdnähe, um an ihrem eigenen Begräbnis teilzunehmen, bevor sie ins Licht aufsteigen. Wenn nach der Trauerfeier die Familie wieder nach Hause geht, bleiben einige Seelen verwirrt zurück. Dies bedeutet, dass ein Bestattungsinstitut jederzeit randvoll mit Geistern und Seelen sein kann.

Friedhöfe

Manche behaupten, dass Geister nicht auf Friedhöfen herumhängen, sondern bevölkerte Orte mit viel Energie bevorzugen. Nun, ich habe bislang noch keinen Friedhof besucht, auf dem ich nicht eine intelligente EVP-Reaktion eingefangen hätte. Es spielt keine Rolle, ob der Friedhof alt oder neu ist, belebt oder verlassen. Willst du deine Untersuchungen auf einem Friedhof durchführen, folge bitte den Richtlinien und verhalte dich respektvoll. Obwohl die Arbeit aufregend für dich sein mag, bedenke, dass andere, denen du begegnest, trauern. Wie würdest du dich am Grab einen lieben Verstorbenen fühlen, wenn irgendwelche Rüpel mit ihren Untersuchungsgeräten umherliefen? Wenn ich einen Friedhof in der Absicht besuche, nach einem Geist Ausschau zu halten, dem geholfen werden muss, geschieht dies äußerst diskret. Ich habe die Erfahrung gemacht, dass auf Friedhöfen und in deren Umgebung sehr viel Betrieb herrscht.

Der Fall Grover

Einmal besuchte ich mit einem Untersuchungsteam einen historischen Friedhof, um zu sehen, ob es dort Geister gab, die der Hilfe bedurften. Es zog uns in einen für Kriegsveteranen vorgesehenen Bereich, in dem wir uns schwindelig und benommen zu fühlen begannen. Wir fragten, ob jemand anwesend sei und uns etwas zu sagen hätte. Das Tonbandgerät lief erst eine Minute lang, als wir wussten, dass wir eine Stimme eingefangen hatten, da die Energie des Geistes deutlich zu spüren war. Als wir die Aufnahme überprüften, hörten wir eine krächzende Männerstimme: „Wir wollen kein over Grover hier, verdammt." Wir waren begeistert, hatten aber keine Ahnung, was es bedeutete.

Wir untersuchten die Zeitperiode auf den umliegenden Grabsteinen und entdeckten, dass der damalige Präsident der Vereinigten Staaten Grover Cleveland war. Er ist der einzige Präsident gewesen, dessen beide Amtszeiten nicht unmittelbar aufeinanderfolgten. In seiner ersten Amtszeit wurde er von allen geliebt. In seiner zweiten Periode erlebte das Land massive ökonomische Probleme. Jeder wandte sich gegen ihn mit Aussprüchen wie: „Wir sind über Grover hinweg." Wer die Geschichte liebt, wird sich über so manches freuen, was Geister zu berichten haben. Jener Geist war ein Militärveteran, der stolz gedient hatte und Leute nicht ausstehen konnte, die sich gegen den Anführer seines Landes stellten.

Schulen

Häufig spukt es in Schulen. Manches Kind liebte die Schulzeit und möchte auch nach dem Tod mit seinen Freunden dort spielen. Andere Schüler kehren gewohnheitsmäßig dorthin zurück, ohne zu wissen, dass sie tot sind. Fortgeschrittene Schüler mögen aus Zuneigung zu ihrer Schule zurückkehren und nicht wissen, wie sie ihren Wunsch aufgeben können, auf ihren Beruf hinzuarbeiten oder sich ihren Traum zu erfüllen. Die Lebendigkeit öffentlicher Schulen mag jeden Kindergeist anziehen, der die dort weilenden lebenden Kinder sehen und hören kann. Mit kindlicher Freude erfüllte Orte können auf Geister äußerst anziehend wirken.

Schauspielhäuser

„Die Show muss weitergehen" bezieht sich auf Schauspielhäuser, in denen Lebende und Geister Theater spielen. Theater ziehen unterschiedliches Publikum an, das Unterhaltung, Musik oder Schauspiel sucht. Manchmal geistern Verstorbene umher, die zu Lebzeiten gerne das Theater besuchten. Mitunter findet man ein Ensemble, das nach dem Tod die Bühne nicht aufgeben konnte und sich nach einer Aufführung oder einer Chance sehnt, wieder im Rampenlicht zu stehen. Dies könnte in einem Filmtheater oder auf einer altmodischen Theaterbühne der Fall sein. Beide Typen wecken die gleichen menschlichen Emotionen und eine Energie, die Geister benötigen, um aufzublühen.

Bibliotheken

Bibliotheken bieten wunderbare Gelegenheiten, Zugang zur Geistigen Welt zu erlangen. Man denke an die Bücher, die mit nach Hause genommen und später zurückgebracht werden. Ein Geist kann sich ohne weiteres an ein Buch heften und in der Bibliothek landen. Es kann aber auch umgekehrt geschehen. Manche Geister lieben solche Orte, weil sie ihnen leicht Zugang zur Öffentlichkeit bieten. Geister, die sich für ein bestimmtes Thema interessieren, klammern sich an die entsprechenden Bücher, die ihrerseits gleichgesinnte Leser ansprechen. Einige Bibliotheken verfügen über Forschungsberichte und beherbergen Fotographien, Mikrofilme und historische Informationen. Ein in der Zeit gefangener Geist, der nicht loslassen kann, um voranzuschreiten, fühlt sich von solchen Dingen angesprochen.

Hotels

Hotels sind bekanntlich paranormale Hot Spots. Manchmal geschieht es, dass in ihnen ein Gast stirbt, was nicht bedeutet, dass es dann dort spukt. Die Reisenden, die in einem Hotel übernachten, kommen mit ihrem eigenen Gepäck, dem physischen wie dem geistigen. Die Energie wird ständig umgewälzt und kann als eine Art Jauchegrube dienen. Unendliche Mengen menschlicher Emotionen sammeln sich dort, ein gefundenes Fressen für Geister.

Historische Gebäude

Historische Gebäude aller Art scheinen Aspekte der Vergangenheit in Form von erdgebundenen Geistern zu beherbergen. Selbst Menschen, die Geister ansonsten nicht wahrnehmen, können sie oft spüren. Sie mögen nicht wissen, um was es sich handelt, aber es macht ihnen Angst oder sie fühlen sich dort zu Hause. Eine gewisse Schwere liegt in der Luft, in der Emotionen hängen, die sich auf die Lebenden auswirken können. Wenn dich urplötzlich ein Gefühlswandel überkommt, für den du keine Erklärung findest, kann es sich um die Emotion eines Geistes handeln, die du aufgefangen hast. Die Gefühle eines anderen empfinden zu können, bedeutet, empathisch veranlagt zu sein. Ein solcher Mensch mag etwas empfinden, das er von jemandem aus seiner Umgebung aufgenommen hat, sei es von einem Lebenden oder einem

Toten. Aus diesem Grunde ist es wichtig für ihn, seine Energie zu schützen und sein Energiefeld regelmäßig zu reinigen. In Kapitel dreizehn werden wir auf solche Schutztechniken näher eingehen.

Kneipen

Es erübrigt sich, darauf hinzuweisen, dass Kneipen hervorragende Orte für paranormale Untersuchungen darstellen, da sie angefüllt sind mit geistiger Energie. Manchmal kehrt ein Geist an den Ort zurück, an dem er während seines Erdendaseins viel Zeit verbrachte. Der bequeme Stuhl am Ende der Kneipe, die er jeden Abend nach der Arbeit mit Freunden besuchte, kann eine solche Wirkung ausüben, dass er nach dem Tode dorthin zurückkehrt. Für viele bedeutete die Kneipe den einzigen Ort, an dem sie ein Gefühl von Familie oder Gemeinschaft empfanden. Sie lieben es, wenn sie sich jeden Abend mit Menschen füllt. Manchmal nutzen sie die Gelegenheit, auf die Lebenden einzuwirken, an die sie sich anheften können. Jemand, der Alkohol trinkt, verliert die Fähigkeit, sich vor unerwünschten Wesen zu schützen. Dies schafft ein Spielfeld für die Astralwelt. Geister fühlen sich magisch angezogen. Damit will ich nicht sagen, man solle Lokale meiden. Ich gehe gerne mit Freunden auf einen Drink in eine Bar, um mich mit ihnen zu unterhalten. Ich rate allerdings jedem, auf seine Gefühle zu achten und seine Energie zu reinigen, ehe man nach Hause geht.

Nervenheilanstalten

In den Siebzigerjahren des letzten Jahrhunderts wurden die meisten Nervenheilanstalten wegen ihrer entsetzlichen Lebensbedingungen geschlossen. In den meisten Fällen fehlte das Personal in den überfüllten Einrichtungen. Will man eine alte Anstalt untersuchen, sollte man sich darauf gefasst machen, Geistern, die immer noch psychisch krank zu sein scheinen, und dunklen

Wesen zu begegnen. Psychisch Kranke bieten dunklen Wesen eine ausgezeichnete Wohnstatt. Meistens treten beide gemeinsam auf. In solchen Häusern muss man sich äußerst vorsichtig bewegen. Manche Nervenheilanstalten stehen leer, während andere in Pflegeheime oder staatlich geleitete Einrichtungen umgewandelt wurden. Ich kenne ein Gebäude, das beides war und nun als Hotel dient.

Blinde Passagiere

Eines Tages beschlossen meine Tochter und ich spontan, den Standort einer alten Nervenheilanstalt zu untersuchen. Das ursprüngliche Gebäude war niedergerissen und durch ein neues ersetzt worden, das als Altenheim diente. Wir führten unsere Untersuchungen außerhalb des Hauses auf dem Grundstück durch. Dort standen noch mehrere Nebengebäude, die man als Vorratskammern für die Anstalt benutzt hatte. Irgendwann war dort ein Bauernhof gewesen, der die Insassen ernährte. Ich konnte mich der Bilder von Leuten nicht erwehren, die in weißen Gewändern über die Wiese rannten. Es zog uns zu einem mit hohen Bäumen bewachsenen Gelände. Meine Tochter spürte einen Druck auf ihrem Kopf und ein Prickeln in ihrem Körper. Sie fühlte sich schwindelig und fragte nach meinen Empfindungen. Ich wollte mich einfach nur mit allen anderen im Kreis drehen und mit ausgestreckten Armen umherwirbeln. Wir lachten, als wir unsere Empfindungen miteinander verglichen. Der Geist, mit dem sie Kontakt aufgenommen hatte, war eindeutig stark sediert, während der, mit dem ich in Verbindung stand, das Gefühl hatte, hoch in den Wolken zu schweben.

Wir wollten den Geistern helfen. Leider wurde unser Besuch von den Sicherheitsleuten abgebrochen, die unseren

Wagen auf dem Gelände entdeckt hatten und auf unsere Rückkehr warteten. Sie zeigten sich sehr freundlich und gaben uns Auskunft über das Anwesen. Es lag in ihrem Aufgabenbereich, das Gelände abzusichern, damit niemand in den alten Gebäuden zu Schaden kam. Wir verstanden das und zogen uns rasch zurück. Als meine Tochter und ich in unsere Einfahrt fuhren, erinnerte ich mich, dass wir unser Energiefeld nicht gereinigt hatten. In diesem Moment bemerkten wir unzählige blinde Passagiere aus der Anstalt in unserem Auto. Ihr verzerrter Gesichtsausdruck spiegelte die starke Medikation wider, der sie zu Lebzeiten ausgesetzt waren. Sie verhielten sich kindisch und dümmlich. Wir ließen sie einige Stunden lang auf der Wiese umherrennen, ehe wir sie in die geistige Sphäre schickten. Ihre Energie wirkte sich den ganzen Nachmittag auf uns aus. Ich wollte mich immer noch im Kreis drehen. Später geleiteten wir alle Geister ins Licht. Der Garten kehrte in seinen natürlichen Zustand zurück. Ich muss immer noch lachen, wenn ich an dieses Erlebnis denke.

Lebensmittelläden

Lebensmittelläden, in denen die Leute täglich ein und ausgehen, sind ein idealer Aufenthaltsort für Geister. Zu Lebzeiten mögen sie jeden Tag diesen Weg genommen haben und sich immer noch an den freundlichen Gesichtern erfreuen, die sie zu grüßen pflegten.

Man sollte wachsam sein, ob man auf seinem Rundgang von einem Geist verfolgt wird. Ich habe es erlebt, dass Dinge in hohem Bogen von den Regalen stürzten. Selbst Verstorbene begleiteten mich bei meinen Einkäufen, um auf sich aufmerksam zu machen.

Herzlichen Glückwunsch zum Geburtstag, Großpapa!

Kürzlich wurde ich beim Einkauf für das Abendessen von einem Geist begleitet. Der Obst- und Gemüsestand befand sich draußen vor dem Laden. Entschlossen strebte ich geradewegs darauf zu. Einige Käufer standen mit ihren Einkaufswagen dort und prüften die Frische der Ware. Als ich näher kam, legte eine ältere Frau gerade ihre ausgesuchte Ware in ihren Wagen und wandte sich zum Gehen. Ich weiß nicht warum, aber ich beobachtete die Frau und sah einen Salatkopf von der Ablage hüpfen und direkt vor ihren Einkaufswagen rollen. Etwas verlegen hob die Frau ihn auf und legte ihn zurück. Sie war weit genug entfernt von dem Regal gestanden und konnte nicht dagegen gestoßen sein. Sie bemerkte meinen Blick und lachte zustimmend, als ich meinte: „Das war wohl ein Springer." Dann wandte sie sich in die andere Richtung.

Wenige Augenblicke später beobachtete ich denselben Vorgang bei einer in der Nähe stehenden jungen Frau. Diesmal flog ein Bund Möhren vom Regal und landete vor ihren Füßen. „Sie scheinen ebenfalls einen Springer zu haben", meinte ich erheitert. Sie schaute mich verwirrt an, hob die Möhren auf und legte sie auf die Ablage zurück. Ich war mir nicht ganz sicher, wer sich bemerkbar machen wollte, und verließ vorsichtshalber vorerst den Stand.

Zu Hause angekommen, rief ich meine Schwester an und berichtete, was vorgefallen war. Als ich ihr erzählte, ich hätte noch nicht nachgeforscht, wer meine Aufmerksamkeit suchte, erwiderte sie: „Es fühlt sich nach Großpapa an." In diesem Augenblick fiel ein großes „Happy Birthday" Schild von der Wand und streifte im Fallen die Haare an meinem Hinterkopf. Nun wussten wir, welcher Großvater es war, denn es war sein Geburtstag.

Geister lieben es, wenn man sich an speziellen Tagen und Feiertagen an sie erinnert. Dem Geist meines Großvaters gelang es, im Geschäft durch das Gemüse meine Aufmerksamkeit zu erregen. Dies veranlasste mich, achtsam zu sein und herauszufinden, wer bei mir war. Anfang des Monats hatten wir in der Familie einige Geburtstage gefeiert. Die Dekorationen hingen noch an der Wand. Mein Großvater hatte nur das Schild von der Wand zu stoßen, um seine Anwesenheit kundzutun.

Dusche

Viele Leute erleben Besuche aus der Geistigen Welt, während sie duschen. Diese durchaus normale Situation beruht auf mehreren Faktoren. Erstens: Man befindet sich in einem kleinen Raum, vergleichbar mit dem Kabinett der Spiritisten. Die Energie neigt dazu, sich in einem kleinen Raum aufzubauen, was dem Geist die Kommunikation erleichtert. Zweitens: Wasser ist ein guter Energieleiter, was die energetische Kluft zwischen der irdischen und der geistigen Dimension zu überbrücken hilft. Drittens: Eine wiederholte Tätigkeit lässt das Gehirn in die langsamere Thetawelle gleiten. Die meisten Leute müssen nicht darüber nachdenken, wie sie ihr Haar waschen oder ihre Beine rasieren. Sie erledigen diese Dinge automatisch, während ihr Geist umherwandert. In diesem Geisteszustand sind wir für Botschaften aus der Geistigen Welt höchst aufnahmebereit. Ich werde oft von verstorbenen Angehörigen unter der Dusche aufgesucht. Mitunter kommen auch unbekannte Geister, um mir eine Nachricht für ihre Lieben zu überbringen, die ich kenne. Es hat nichts Grobes an sich, während des Duschens aufgesucht zu werden. Wahrscheinlich empfinden Geister es als die beste Gelegenheit, um Kontakt aufzunehmen.

Der Geist in der Dusche

Ich setzte mich mit dem verstorbenen Vater eines Freundes in Verbindung, um nach einer Botschaft für seinen Sohn zu fragen, den ich später an jenem Tag treffen wollte. Ich schrieb alles auf. Auf meinem Weg zur Dusche dankte ich ihm innerlich und bat ihn, mich wissen zu lassen, falls er seinem Sohn noch irgendetwas mitzuteilen hatte.

Als ich wenige Minuten später unter der Dusche stand, sah ich, wie sich eine Energie zu mir in die Duschkabine gesellte. Sie schwirrte um meinen Kopf, und ich hörte das Wort „Syndikat". Ich war sprachlos. Was sollte das bedeuten? Dann hörte ich wieder: „Syndikat." Ich kannte das Wort, war mir aber nicht sicher, was es bedeutete, und beschloss, es später im Computer nachzuschauen. Ich fragte mich, was zusammengeschlossen werden sollte. In diesem Moment erschien vor meinen inneren Augen eine Art Rundfunk-Logo in Form eines Dreiecks mit langer schmaler Spitze und Kreisen an deren Ende. Als ich mich fragte, was dieses Bild wohl bedeutete, hörte ich das Wort „Ausstrahlung". Nun hatte ich begriffen. Obwohl mir der Zusammenhang dieser beiden Wörter noch nicht ganz klar war, wusste ich, es war eine Botschaft für meinen Freund.

Am Abend bekam ich zufällig mit, wie er einem Freund erzählte, er wolle eine Sendezentrale einrichten. Ich hatte ihm noch nichts erzählt und war verblüfft. In meinem Herzen wusste ich, dass der Vater mich aufgesucht hatte, um seinem Sohn die Botschaft zu übermitteln. Ich glaube, der Vater befürwortete etwas, das sein Sohn damals beruflich in Angriff nahm, um ihm zu zeigen, dass er noch in der Nähe weilte. Er wollte ihn darin unterstützen, den nächsten großen Karriereschritt zu wagen.

Kinder und Tiere

Kindergeister

Dies ist ein heikles Thema. Wer will schon glauben, dass Gott die Gefangenschaft eines Kindes als Geist zulässt. Es führt uns zu einer umfassenderen Sichtweise der Geistigen Welt. Wenn nun Gott nicht die allmächtige Elternfigur ist, welche die Religionen aus ihm gemacht haben? Was wäre, wenn der allmächtige Schöpfer völlig unparteiisch jeder Seele einen freien Willen zugesteht? Wann wäre man alt genug, sich für oder gegen das Licht zu entscheiden? Spielt das Lebensalter für die Stärke der Kinderseele eine Rolle?

Mir persönlich ist kein Geist jünger als vier oder fünf Jahre begegnet. Bei dem leisen Schrei eines Babys, den ich hörte, handelte es sich eher um die noch vorhandene Spur eines Geistes als um einen tatsächlichen Geist. Da Babies nicht von Furcht, Reue und Unversöhnlichkeit durchdrungen sind, ist ihr Licht das stärkste auf dem Planeten. Wenn ein Säugling oder ein Kleinkind stirbt, wird es direkt vom Licht aufgenommen. Schutzengel, die sich mit dem Übergang von den kostbaren kleinen Seelen befassen, mögen sie begleiten.

Obgleich die meisten Leute allein bei dem Gedanken entsetzt zurückschrecken, glauben einige Religionen, dass die Erbsünde sogar einen Fötus in die Hölle verdammen kann. Bei allem Respekt gegenüber den verschiedenen Religionen und Glaubenssystemen, eine solche Überzeugung kann ich nicht teilen. Ich glaube, wir tragen die Sünden unserer Vorfahren in unserer DNS. Aus diesem Grunde wirken sich die ungelösten Probleme von Vater und Mutter auf das ungeborene Kind aus. Doch selbst wenn der heranwachsende Fötus Hass und Furcht von den Eltern übernimmt, besitzt er immer noch eine starke Verbindung zu Gott. Ist die Schwingung des Babys hoch genug, sollte es unmittelbar nach dem Tod fähig sein, ins Licht einzutreten.

Engel und Heilige für Babies

Wenn man sich hilfesuchend an die Geistige Welt wendet, mag man aufgestiegene Meister irgendeiner Religion anrufen. Sie alle haben ihr Spezialgebiet und sind nicht auf ein bestimmtes Glaubenssystem beschränkt.

Gerard Majella ist der Schutzheilige werdender Mütter. Der Heilige besaß die mystische Fähigkeit der Levitation und der Bilokation. Er wird oft während schwieriger Schwangerschaften angerufen und als Schutzheiliger der Mutterschaft betrachtet.

Gabriel ist der Engel der Verkündigung und Auferstehung und bekannt als Gottesbote. Er hilft jenen, die mit Kindern arbeiten möchten. Eltern finden in allen Aspekten Unterstützung, einschließlich Empfängnis, Adoption und Geburt.

Der Engel Temeluch ist verantwortlich für die Schwangerschaft und hilft Gabriel bei der Unterweisung des ungeborenen Babys im Mutterleib. Er kümmert sich um Neugeborene und kleine Kinder. Als Schutzengel überwacht er die Niederkunft. Er behütet die Kleinen und schützt sie vor dunklen Wesen.

Vom Augenblick der Empfängnis an wird jedem sein eigener Schutzengel zugewiesen. Du kannst beliebig viele Engel anrufen. Sobald du einen Engel um Hilfe bittest, kommt ein weiterer zu deinen geistigen Helfern hinzu. Im Laufe deines Lebens vergrößert sich ihre Schar. Du musst sie jedoch um Hilfe bitten, denn ansonsten dürfen sie nicht eingreifen. Diese Engel-Energie kann uns helfen, in Liebe zu schwingen, was uns einfacher und rascher vergeben und heilen lässt. Sollte dir jemals der Geist eines Babys oder Kindes begegnen, zögere keinen Augenblick, einen dieser geistigen Fürsprecher um Hilfe zu bitten.

Fehlgeburt

Ein Baby als Geist habe ich noch nicht erlebt, wohl aber sind mir die Seelen von Fehlgeburten begegnet, die beschlossen haben, in der Nähe ihrer Mutter zu verweilen. Wenn ich mich darauf einstelle, kann ich oft erkennen, ob die Mutter ein Baby verloren hat. Gewöhnlich schwebt sein Licht um ihren unteren Körperbereich.

Baby Führung

Bei einer Esoterik-Messe ließ sich eine ältere Frau bei mir nieder und bat um eine kurze Heilsitzung. Ich hielt sie an den Händen und verband mich mit dem Licht. Ihren Körper überprüfend, nahm ich in ihrem oberen Schenkelbereich zwei kleine Lichter wahr. Sofort spürte ich zwei kleine Kinder. Sie bestätigte, dass sie vor langer Zeit zwei Fehlgeburten hatte. Ich machte sie darauf aufmerksam, dass beide im Geiste bei ihr seien.

Als ich mich mit der Energie der Babys in Verbindung setzte, erfuhr ich, dass sie einen Weg zur irdischen Ebene finden mussten, aber keinen physischen Körper benötigten, um ihre Aufgabe zu erfüllen. Sie waren gekommen, um ihrer 'Mutter' aus der Geistigen Welt beizustehen. Es überrascht mich immer wieder, wenn ich solche Dinge höre, aber es klang glaubwürdig. Ich gab die Information an die Frau weiter, die zu schluchzen begann. Jahrzehntelang hatte sie getrauert und niemals mehr empfangen. Zu erkennen, dass es sich nicht um eine Strafe Gottes handelte und sie von ihren Babys geliebt und geleitet wurde, schenkte ihr Heilung.

Abtreibung

Ich habe auch die Energie von Säuglingen gesehen, die abgetrieben wurden und die Mutter umschwebten. Ihre Energie wurde nicht geheilt, wie bei einer Fehlgeburt. Dies ist nur eine Beobachtung, keine Beurteilung. Im Falle einer Abtreibung wurde die Entscheidung getroffen, die Schwangerschaft zu beenden. Es spielt keine Rolle, ob die Mutter dazu gezwungen wurde oder ob es ihr eigener Wille war. In jedem Fall war das Kind unerwünscht, was eine geistige Wunde hervorruft. Männer und Frauen sind durch eine solche Wahl gleichermaßen spirituell und energetisch betroffen. Eine Energie der Liebe und freudigen Erwartung wird einem gewünschten Kind entgegengebracht. Diese hoch emotionale Schwingung wirkt sich auf die DNS des Fötus und das Leben sowie die Gesundheit des Säuglings aus. Im entgegengesetzten Fall beeinflussen die ablehnenden Emotionen auch die Seele des Babys.

Es gibt eine Möglichkeit, die Heilung solcher Seelen zu unterstützen, indem man ihnen die Liebe sendet, die sie nicht empfangen haben. Dieser Umstand wurde mir bewusst, während ich in den geistigen Dimensionen arbeitete. Viele meiner Klienten haben berichtet, dass sich eine solche Wahl oft erst Jahrzehnte später spirituell auf sie ausgewirkt hat. Auch die Lebenden werden auf diese Weise geheilt. Jeder, der in Verbindung mit der DNS eines Fötus steht, wird geistige Heilung erfahren.

Oft umschweben die Seelen abgetriebener Babys die Mutter, bis diese erneut empfängt. Obwohl der Vater auf geistiger Ebene ebenfalls betroffen ist, habe ich sie nur in der Nähe der Mutter gesehen, wo sie bemüht waren, erneut einzutreten. Es ist durchaus möglich, dass sich der nicht geheilte Geist des Kindes in der Nähe beider Eltern aufhält, was ich bislang allerdings noch nicht erlebt habe. Erfolgt keine Heilung, kann dieses Missverhältnis dazu führen, dass das neue Baby kränklich und emotional gestört ist. Es ist niemals zu spät, zu heilen und geistige Harmonie herzustellen. Selbst wenn die Kinder bereits erwachsen sind, man aber vermutet, dass sie durch dieses geistige Missverhältnis beeinträchtigt wurden, kann man heilen.

Man fragt mich immer wieder, ob es möglich ist, dass ein Baby herumgeistert. Meiner Erfahrung nach irrt es nicht an einem Ort umher oder tritt in Erscheinung. Es handelt sich eher um eine dunkle, nicht geheilte Energieform, die die Eltern umschwebt und darauf wartet, in einem neuen Körper geboren oder durch Liebe geheilt zu werden.

Einer solchen Heilung mag sich jeder unterziehen, der unter dem Gefühl leidet, von der Mutter unerwünscht oder ungeliebt zu sein. Es heißt, es gibt keine größere Liebe als die einer Mutter, was vielleicht an der energetischen Verbindung während der Schwangerschaft liegt. In gewissem Sinne schuf und beherbergte der Körper deiner Mutter dich als Fötus. Sich von der Mutter unerwünscht und ungeliebt zu fühlen, mag das Empfinden wecken, vom Schöpfer unerwünscht und ungeliebt zu sein. Die Wunden, die wir von unseren Vorfahren übernehmen, sind anderer Art. Diese Heilung mag dazu beitragen, Disharmonie, die man als Fötus erlebte, zu glätten. Viele Leute bekamen einfach nicht genügend Liebe von ihrer Mutter, was durch diesen Heilungsvorgang ausgeglichen wird.

Heilung eines unerwünschten Babys

Du magst dich selbst oder deine Kinder heilen, ohne sie um Erlaubnis zu fragen. Bei allen anderen benötigst du ein verbales Einverständnis. Auf der Thetawellen-Ebene verbindet man sich mit dem Schöpfer. Sobald man auf höchster Ebene Kontakt zum Licht aufgenommen hat, spreche man:

Allmächtiger Schöpfer, möge dieser Säugling beding-
ungslose Liebe empfangen, um das Gleichgewicht wie-
derherzustellen und alle damit einhergehenden Wunden
in der höchsten und besten Weise zu heilen. Danke.

Während du den Heilungsprozess verfolgst, musst du dir einen gesunden physischen Körper im Mutterleib vorstellen. Vielleicht siehst du dunkle Energie aus dem Baby und dem Mutterleib entweichen. Dies kann rasch erfolgen oder eine Weile dauern. Warte geduldig und beobachte, wie Licht an ihre Stelle tritt. Als Nächstes siehe die bedingungslose Liebe des Schöpfers in den Leib der Mutter eintreten und jede Zelle des Fötus durchlichten. Du wirst spüren, wenn die Heilung abgeschlossen ist. Mitunter hat das Baby mich lächelnd angeschaut. Obwohl es sich um eine sehr einfache Heilmethode handelt, ist sie äußerst machtvoll und bewirkt eine Änderung bei Lebenden und Toten.

Tiergeister

Kaum zu glauben, aber Tiergeister findet man recht häufig. Ich kann es mir nur so erklären, dass sie nach ihrem Tode bei ihren Besitzern bleiben wollen. Da Tiere unglaublich anhänglich sein können, wenn man für sie sorgt, entsteht eine Bindung, die über den Tod hinausreicht. Begegnet man dem Geist eines Tieres, sollte man den Besitzer ausfindig machen, der vielleicht ebenfalls als Geist in derselben Sphäre weilt. Ich glaube nicht, dass man Tieren helfen muss, die Schwelle zu überschreiten. Dies geschieht automatisch, sobald sein Herrchen den Weg gefunden hat. Bei den meisten Tiererscheinungen handelt es sich um Tierseelen, die vorbeischauen, aber nicht festsitzen.

Tiger

Als wir in unser altes viktorianisches Haus einzogen und mit den Renovierungsarbeiten begannen, erlebten wir zum ersten Mal den Geist eines Katers. Da wir einen Kater besaßen, glaubten wir zunächst, es sei sein Geist. In der Nacht, mein Mann und ich schliefen, weckte mich etwas auf, und ich sah einen Kater neben meinem Bett sitzen. In dem Glauben, es sei unser Kater, wollte ich ihn streicheln. Er entfernte sich von mir und verschwand durch die Wand. Ich setzte mich auf und rieb mir die Augen. Unser Kater war nicht einmal im Zimmer. Ein anderes Mal sah mein Mann den Kater an seiner Bettseite hocken. Als er ihn streicheln wollte, griff er durch ihn hindurch. Der Kater verschwand.

Zwei Wochen später wachte ich auf und sah den Kater auf dem Bett sitzen, direkt neben meinem Kopfkissen. Es war eindeutig nicht unser Kater, der orange gefleckt und schmal gebaut war. Dieser aber schien recht muskulös und vorwiegend schwarz zu sein. Stolz blickte er auf mich hinunter. Ich konnte ihn gut sehen. Ein paar Mal blinzelte ich mit den Augen, um sicherzugehen, dass meine Augen wirklich sahen, was ich glaubte zu sehen. Sein Erscheinungsbild glich dem eines lebendigen Katers. Er leckte sich die Lippen, als habe er gerade aufgehört, sich zu säubern. Instinktiv wusste ich, dass es ein Kater war, der Tiger hieß. Ich fand den Namen lustig, da er keinerlei Streifen auf seinem Fell zeigte. Sein Bild verharrte länger als jede andere Erscheinung, die ich bisher gesehen hatte. Ehrfürchtig und dankbar schaute ich ihn an, dass er meinem Blick so lange standhielt. Dann begann sich sein Bild langsam aufzulösen und schließlich zu verlieren.

Aus irgendeinem Grunde wollte uns Tiger auf seine Anwesenheit aufmerksam machen, was er sehr klug anzustellen schien. Vielleicht wollte er nur gewürdigt werden oder einen genaueren Blick auf die neuen Bewohner werfen. Zuvor hatten wir hin und wieder Katzengeruch bemerkt, doch ehe wir dagegen angehen konnten, war er verschwunden. Manchmal fragten wir uns, ob frühere Hausbesitzer eine Katze besessen hatten, waren aber nicht auf den Gedanken gekommen, dass ein Geist uns mit kleinen Hinweisen auf sich aufmerksam machen wollte.

Unser Kater starrt manchmal in die Luft und jagt dann nach etwas, das wir nicht sehen können. Möglicherweise bemerkt er den Geist des Katers und hat ihn als unsichtbaren Freund akzeptiert. Kurze Zeit nach unserem Erlebnis fühlten wir uns veranlasst, ein schwarzes Kätzchen aufzunehmen, das ein Zuhause benötigte. Vielleicht hat Tiger uns auf den Gedanken gebracht, als er mir telepathisch seinen Namen nannte. Gewöhnlich macht er sich im unteren Stockwerk bemerkbar. Wir haben ihn aber auch schon im oberen Stockwerk umherwandern gesehen. Mein Mann ist schon mehrmals über den vorbeihuschenden Schattenkörper gestolpert. Unsere „wirklichen" Katzen liegen dann meistens auf dem Sofa in einem anderen Zimmer. Manchmal können wir Tiger aus den Augenwinkeln sehen.

Viele Leute nehmen den Geist ihres geliebten Haustieres nach dessen Tod wahr. Es ist nicht ungewöhnlich, wenn es bei der Familie, die es liebt, geistig verweilt. Was Tiger betrifft, so war er in diesem Leben nicht unser Haustier, aber unsere Familie hat ihn aufgenommen und ins Herz geschlossen. Fragt man uns, wie viele Katzen wir besitzen, zählen wir drei auf, einen orange gefleckten Kater, ein schwarzes Junges und einen Geistkater namens Tiger.

Nahtod-Bewusstsein

Viele unheilbar Kranke haben das sogenannte Nahtod-Bewusstsein erlebt. Es unterscheidet sich von der Nahtod-Erfahrung, bei der die Person am Rande des Todes die andere Seite erfährt und zurückkehrt. Im Nahtod-Bewusstsein bereitet sich die Person auf ihren Tod vor, bei dem sie den Körper für immer verlässt.

Manche Leute sehen angesichts des Todes den Geist ihrer Lieben. Sie mögen ins Leere blicken oder scheinen auf eine Wand zu starren. Da die Lebenden die Geistige Welt gewöhnlich nicht wahrnehmen, mögen sie annehmen, der Sterbende verliere den Verstand. Das Gegenteil ist der Fall. Was sie sehen, ist die Wirklichkeit und gehört zum Sterben. Oft sprechen sie davon, irgendwo hingehen oder sich auf irgendeine Reise begeben zu müssen. Lässt man sie darüber reden, lassen sie einen an diesen heiligen Momenten teilhaben. Sie mögen von bestimmten Angehörigen in der geistigen Sphäre erzählen, die gekommen sind, um sie zu holen, oder dass sie umgeben sind von ihren Vorfahren, die sie zum Teil in diesem Leben nicht gekannt haben.

Die Todeserfahrung ist eine persönliche Angelegenheit und verläuft bei jedem anders. Man sollte nicht annehmen, der Sterbende leide unter Wahnvorstellungen, weil er seltsame, unzusammenhängende Dinge erzählt. Für ihn geschieht eine Menge. Einerseits konzentriert er sich auf seine nächste Lebensphase und andererseits beginnt er loszulassen. Man sitze einfach still da und biete ihm Liebe und Unterstützung, während er diesen Prozess durchlebt.

Viele warten auf ein bestimmtes Ereignis, ehe sie endlich loslassen. Es mag die Ankunft eines Enkelkindes, die Hochzeit des Sohnes oder der Tochter sein oder der Besuch eines entfernt wohnenden Menschen. Ich bin zu der Überzeugung gelangt, dass wir unseren Todeszeitpunkt wählen und unser Tod in gewisser Weise geregelt ist, selbst wenn er verfrüht oder tragisch zu sein scheint. Es gibt viele Möglichkeiten. Unsere Seele hat die Wahl, welchen Weg wir nehmen wollen, um die Schwelle zu überschreiten.

Durch meine freiwillige Arbeit in einem Hospiz habe ich Todesvisionen aus erster Hand miterlebt. Manchmal konnte ich die Angehörigen aus der Geistigen Welt am Bett meines Klienten sehen, um ihn abzuholen. Ich nutze meine Fähigkeit, durch Kontaktaufnahme mit der Geistigen Welt eine spirituelle Analyse vorzunehmen. Manchmal muss mein Klient vor seinem Übergang noch gewisse Dinge erledigen oder kann sich nicht vom irdischen Leben trennen.

Hat ein Mensch diese Lebensphase erreicht, weilt er oft außerhalb seines Körpers in der Geistigen Welt. Er mag Angehörige aufsuchen und wieder in seinen Körper zurückkehren, ohne dass jemand davon weiß. Der Geist eines Lebenden kann vor dem Tod als Erscheinung auftreten. Mithilfe der in diesem Buch angegebenen Anleitungen wirst du mit ihnen auf beiden Seiten des Lebens in Kontakt treten können.

Umweltbedingte Ursachen für Spukgestalten

Kohlenmonoxid

Wenn in einer Wohnung oder in einem Gebäude Kohlenmonoxid austritt, kann dies die Ursache für scheinbare Spukgestalten sein. Eine Kohlenmonoxidvergiftung äußert sich unter anderem in Kopfschmerzen, Schwindel, Übelkeit, grippeartigen Symptomen, Müdigkeit, Depressionen, Atemnot, Verwirrung und Halluzinationen. Viele Leute führen diese chemische Verbindung ins Feld, um ihre Erscheinungen als Halluzination abzutun. Manche Erfahrungen fühlen sich tatsächlich so an, als sei ein Geist anwesend. Da Kohlenmonoxid hochgefährlich ist, muss ein Leck unverzüglich behoben werden. Die Ausrüstung von jemandem, der Erdgebundene befreien möchte, sollte einen entsprechenden Detektor enthalten. Das Gas ist farb- und geruchslos und ohne Geschmack. Man nennt es auch den „lautlosen Mörder". Es kommt häufig vor, dass dieses Gas unbemerkt entweicht, bis Krankheit oder sogar der Tod eintreten.

Man sollte also auf mögliche undichte Stellen achten. Kann man eine Kohlenmonoxid-Vergiftung ausschließen, bedeutet dies nicht unbedingt, dass kein Geist anwesend ist. Die tödliche Gefahr mag die Geistige Welt alarmieren, um sie zu verhindern, insbesondere wenn es Schutzgeister in deinem Heim gibt.

Mögliche Quellen für eine Kohlenmonoxid-Vergiftung können sein:

- Warmwasseraufbereiter
- Kerosin-Heizgeräte
- Propangas-Heizgeräte
- Propangas-Öfen
- Benzin- und Dieselgeneratoren
- Zigarettenqualm
- Motorboote
- Sprühfarbe, Lösungsmittel, Fettlöser und Abbeizmittel
- Fahrt im hinteren Teil eines geschlossenen Kleintransporters

Elektromagnetische Frequenzen

Starke elektromagnetische Frequenzen mögen die Anwesenheit eines Geistes anzeigen. Ein sich manifestierender Geist lässt den Zeiger auf dem Messgerät hochschnellen. In einigen Häusern scheint der Messwert gleichbleibend hoch zu sein. Da ein Geist

Energie benötigt, um mit den Lebenden Verbindung aufzunehmen, mag ein starkes elektromagnetisches Feld einen niedrig schwingenden Geist ansprechen, da es dessen Energie auflädt und ihm die Kommunikation erleichtert. An Orten mit einem starken elektromagnetischen Feld findet man oft eine Vielzahl von unerwarteten übernatürlichen Aktivitäten. Man weiß nicht genau, was zuerst da war, das Küken oder das Ei, aber Geister und ein starkes Elektromagnetfeld scheinen Hand in Hand zu gehen.

Derartige Felder werden von Elektrogeräten, Mobiltelefonen, WLAN-Routern und Verkabelungen im Haus ausgestrahlt. Man sollte sie möglichst beseitigen, da sie auf Dauer der Gesundheit schaden. Einerseits unterstützen sie die Kommunikation mit den Verstorbenen, andererseits können sie aber im Laufe der Zeit zu gesundheitlichen Problemen führen. Dazu gehören Gehirntumore, Leukämie, Geburtsdefekte, Fehlgeburten, chronische Müdigkeit, Kopfschmerzen, Altersstar, Herzprobleme, Stress, Übelkeit, Brustschmerzen, Vergesslichkeit und Krebs.

Erschaffene Gespenster

Tulpas

Ein Tulpa ist eine aus Mentalenergie gebildete Gedankenform. Der Begriff stammt aus der tibetischen Mystik. Unter Tulpa versteht man eine Wesenheit, die durch Gedanken erschaffen wurde. Im paranormalen Arbeitsbereich wird nicht oft darüber gesprochen. Allein weil man es glaubt, kann es in einem Haus wie an jedem anderen Ort spuken. Die Anzeichen sind dieselben. Der einzige Unterschied, den man nicht immer erkennen mag, liegt darin, dass der Spuk nicht von einer verstorbenen Person ausgeht, sondern auf dem Glauben an einen umherirrenden Geist basiert. Dennoch: Ein Tulpa ist real. Wenn genügend Leute an einen

Geist glauben, der sich an einem bestimmten Ort aufhält, werden ihre Gedanken tatsächlich einen solchen erschaffen. Hier gibt es keine Seele, die geheilt oder über die Schwelle gebracht werden muss. Die Energie muss sich auflösen, um gereinigt zu werden.

Die Quantenphysik mag zur Aufklärung dieses Phänomens beitragen. Wissenschaftler entdecken, dass unsere Gedanken substanzieller Natur sind und Veränderungen in unserem Körper und in unserer Umgebung hervorrufen mögen. Die Kraft des Glaubens kann für die generationenlange Auswirkung von Flüchen verantwortlich sein und wundersame Heilungen erklären. Der Spuk eines Tulpa verliert sich, wenn die Menschen, die daran glauben, ihre Einstellung geändert und aufgehört haben, daran zu glauben.

Wenn du vermutest, von einem solchen Spuk belästigt zu werden, ziehe deine Energie ab. Höre auf, darüber zu reden, und ignoriere alles, was damit in Verbindung zu stehen scheint. Eine Reinigung mit Salbei kann ebenfalls hilfreich sein (Siehe Kap. 13). Lasse nach der Ausräucherung des Ortes jeden, der an den Spuk glaubt, wissen, dass sich alles erledigt hat. Auf diese Weise kann sich auch der Kollektivgedanke auflösen.

Poltergeister

Die Energie eines Teenagers kann durchaus mit einem Poltergeist verwechselt werden. Emotionale Unruhe oder Anspannung mag eine solche Aktivität auslösen. Gewöhnlich tritt dies in der Pubertät und bei jungen, oft sehr sensiblen Leuten auf.

In *Harper's Encyclopedia of Mystical and Paranormal Experience* beschreibt Rosemary Ellen Guiley den *Poltergeist* als:

> *einen schelmischen und mitunter boshaften Geist, der sich durch Geräusche bemerkbar macht und indem er Gegenstände bewegt und Menschen und Tiere bedroht. Einige*

Fälle bleiben ungeklärt und mögen auf tatsächliche Geister zurückzuführen sein. In anderen Fällen mögen die Phänomene durch unbewusste Psychokinese des Individuums ausgelöst sein.

Ergibt die Untersuchung, dass keine Wesenheiten zugegen sind, sollte man die Möglichkeit eines Poltergeistes in Erwägung ziehen. Wird es durch die psychische Anspannung eines Kindes oder eines Teenagers hervorgerufen, wäre es ratsam, einen Therapeuten hinzuzuziehen. Viele Jugendliche wissen mit Stress-Situationen nicht umzugehen und sollten es lernen, bevor die psychische und physische Gesundheit angegriffen wird. Sport oder andere Aktivitäten können aufgestauten Stress lösen, und Hobbies mögen überschüssige Energie in die richtigen Bahnen lenken. In einer solchen Situation sollte die Familie zusammenarbeiten. Der Teenager muss sich sicher fühlen, mit Erwachsen und/oder Eltern über die Dinge, die in seinem Leben vor sich gehen, reden zu können. Außerdem mag es hilfreich sein, von übernatürlichen Dingen zu erfahren, um sich nicht fehl am Platz zu fühlen. Seine eigene Energie zügeln zu können, macht stark und hilft in vielerlei Hinsicht, erwachsen zu werden.

8

Gespenstisches und gesegnetes Land

Überall auf der Welt gibt es Gebiete mit vermehrter übernatürlicher Aktivität. In einigen findet man Energiewirbel und andere Unregelmäßigkeiten, die sich auf die Naturgesetze auswirken. An manchen Orten führt man derartige Dinge auf die überdurchschnittliche Anreicherung bestimmter Erdminerale, die starke erdmagnetische Felder hervorrufen, zurück. Andere gespenstische Gegenden scheinen die Wunden von Kriegstragödien im Boden gespeichert zu haben. Manchmal wurde ein Land in der Vergangenheit von jemandem verflucht. Die Auswirkungen eines solchen Fluchs sind heute noch spürbar. Daneben gibt es wundertätige Orte überall auf der Welt, die Millionen von Menschen aufsuchen, um geheilt zu werden. In diesem Kapitel werden wir einige Orte und die Gründe für ihre erstaunliche Kraft untersuchen.

Energiewirbel

Der menschliche Körper vermag die tief aus der Erde aufsteigenden Energiewirbel wahrzunehmen. Überall auf unserem Planeten gibt es zahlreiche bioelektrische Energiepunkte, die von den meisten Tieren gemieden werden. Die Jäger der Urzeit beobachteten, dass Tiere um sie herumliefen. Es verwundert nicht, dass die Menschen ihrem Beispiel folgten und ebenfalls diese seltsamen Energieplätze mieden. Es heißt, Pferde und Katzen reagieren am stärksten auf die Energiewirbel, aber auch Vögel lassen sich selten auf Bäumen nieder, die in ihrem Bereich stehen.

Man nimmt an, dass es sich bei den Wirbeln um Kreuzungspunkte der Meridiane handelt, die entlang der Erdoberfläche verlaufen. Einige Wirbel verhalten sich ruhig, während andere aktiv sind oder im Begriff stehen, sich zu rühren. Allen gemeinsam scheint das unerklärbare Phänomen zu sein, dass Berichten zufolge Dinge verschwinden, wenn auch in unterschiedlichem Ausmaß. Alle besitzen sie ein starkes Magnetfeld. Einige glauben, dass sie das Tor in andere Dimensionen öffnen.

Um einen Energiewirbel zu finden, muss man oft nicht weit gehen. Allgemein bekannt sind einige sehr starke Wirbel. Viele unentdeckte gibt es überall in der Natur. Du benötigst nur eine Wünschelrute oder ein erhöhtes Körperbewusstsein, um sie aufzufinden. Wirbelndes Wasser oder Bäume mit einem verdrehten Stamm können natürliche Hinweise sein. Man sollte einen Energiewirbel nicht als positiv oder negativ betrachten. Der Unterschied lässt sich erfühlen. Was für dich angenehm ist, mag eine andere Person beunruhigen. Wir alle harmonieren mit unterschiedlichen Energien.

Man folge der ausgestreckten Wünschelrute, bis sie sich kreuzt. Will man den Wirbel mit seinem Körper entdecken, dient dieser sozusagen als Instrument und spürt die Energie in seinem Inneren. Trittst du in einen Wirbel, magst du eine sich ausdehnende warme Energie in deinem Herzen spüren. Ein anderer Wirbel mag dir ein unangenehmes Bauchgefühl bereiten, oder es zeigt sich ein Schwindel in deinem Kopf. Ein Energiewirbel ist ein sehr machtvoller Ort, um dort zu beten oder zu meditieren, wenn man mit ihm im Einklang schwingt.

Steht ein Haus auf einem natürlichen Wirbel, dringt die Energie hindurch und schafft Bereiche, die sich einerseits angenehm anfühlen, die man andererseits auch meidet. Eine Katze ist der beste Hinweis. Katzen reagieren sehr empfindsam auf Energien und werden sich oft die günstigsten Plätze im Haus aussuchen, um sich dort hinzulegen. Einen Energiewirbel in seinem Haus zu finden, hat einige Vorteile. Man kann mit der bestehenden Energie arbeiten und sie mittels Gebet und Meditation sogar wirkungsvoller machen. In meinem Behandlungszimmer führe ich oft Heilungsarbeit durch. Meine Katzen lieben diesen Ort. Auf einem Energiewirbel zu meditieren, erhöht die Konzentration und die Schwingung und schenkt einen klareren geistigen Blick und ein stärkeres Gefühl von Frieden. Wirbel können durch Intentionskraft und Heilenergie in jedem Bereich geschaffen werden.

Bermuda-Dreieck

Das Bermuda-Dreieck, auch Teufelsdreieck genannt, gehört zu den berühmtesten Energiewirbeln. Es befindet sich im westlichen Atlantik, zwischen Miami, Florida, San Juan, Puerto Rico und den Bermuda-Inseln. Angeblich sind unzählige Schiffe und Flugzeuge dort auf mysteriöse Weise verschwunden. Flug 19 ist einer der meisterwähnten Vorfälle. 1945 wurden fünf amerikanische Bomber mit dreizehn Besatzungsmitgliedern, die sich verirrt hatten, und ein Suchflugzeug vermisst und niemals aufgefunden.

Die Leute schrieben das Verschwinden übernatürlichen Kräften zu. Einige glauben, dort existiere ein Tor, das in eine andere Dimension führt. Es scheint in diesem Gebiet eine naturgegebene Störung zu geben, die häufig für unerklärbare Ereignisse und Kompass-Ausfälle verantwortlich gemacht wird. Theoretiker ziehen eine Verbindung zu unbekannten Flugobjekten, Fremdeinwirkung oder ein mögliches Wurmloch (Raum-Zeit-Lücke) in Betracht. Man hat keine schlüssigen Beweise für die Anomalien der Vorfälle in dieser Region gefunden, die ein Rätsel bleiben.

Alaska Dreieck

Im Alaska Dreieck, auch des *Teufels Friedhof* genannt, liegt die Vermisstenrate sechzehnmal höher als im restlichen Land. Es befindet sich zwischen Anchorage, Juneau und Barrows. Der bekannteste Vorfall ereignete sich 1972, als zwei Mitglieder des Amerikanischen Kongresses und zwei weitere Männer spurlos verschwanden. Sie flogen in einer Cessna 310 von Anchorage nach Juneau und wurde niemals mehr gesehen. Eine großangelegte Such- und Rettungsaktion stellte man nach neununddreißig Tagen schließlich ein.

Es herrscht eine übernatürliche Aktivität in diesem Gebiet, deren Ursache die Wissenschaftler sich nicht erklären können. Die magnetischen Unregelmäßigkeiten führen zum Ausfall von Navigationsgeräten, was zur Orientierungslosigkeit und dem Verschwinden von Menschen beitragen könnte, aber nicht die Tatsache erklärt, dass sie niemals zurückkehren. Ebenso wie das Bermuda-Dreieck ist das Alaska-Dreieck ein mächtiger Wirbel, der möglicherweise für das Verschwinden von Schiffen, Flugzeugen und Menschen verantwortlich gemacht werden kann.

Drachen-Dreieck

Das Drachen-Dreieck oder *Teufelsmeer* liegt im Pazifik südlich von Tokio. Wie das Bermuda- und das Alaska-Dreieck wurde es wegen des Verschwindens von Schiffen und Seeleuten sowie der magnetischen Besonderheiten, die den Wissenschaftlern noch immer rätselhaft sind, bekannt. Oft macht man UFOs und Unterwasserzivilisationen dafür verantwortlich.

Oregon Vortex

Den Wirbel von Oregon, in Gold Hill, kennt man wegen des Phänomens der Wahrnehmungsstörung. Zahlreiche Touristen finden sich dort ein, um den optischen Täuschungseffekt zu erleben, dass physische Dinge und Menschen schrumpfen und wachsen. Diese Wirkung kann man fotographisch festhalten und dokumentieren. Die Ureinwohner Amerikas nannten die Gegend „Verbotenes Land". Ihre Pferde sollen es angeblich nicht betreten haben.

Montana Vortex

Der Montana Vortex, der außerhalb der Columbia Falls liegt, ist eine Touristenattraktion, da man beobachten kann, wie Freunde in seinem Bereich schrumpfen und wachsen. Außerdem gibt es einen Bezirk, in dem du die Aura, die deinen Körper umgibt, sehen kannst. Alle lebenden Dinge strahlen ein elektromagnetisches Feld aus, das die meisten Menschen nicht wahrnehmen. Fremdenführer helfen, einige der ungewöhnlichen Effekte zu verstehen.

Burlington Vortex

Der Burlington Vortex liegt in Wisconsin. Angeblich regt er die Fähigkeit an, Geister bei ihren Beschäftigungen zu beobachten, Feenreiche zu sehen und die Energie anderer Dimensionen zu fühlen. Ich habe diesen Energiewirbel persönlich erlebt und überraschende Erfahrungen gemacht. Die Energie, die man in den Wäldern fühlt, verändert sich auf dem Weg in andere Bereiche. Als ich den Hügel hinaufging, fühlte ich mich benommen und orientierungslos. Ich hatte einen kleinen Wirbel durchquert. Die Bilder der in diesem Gebiet aufgenommenen Fotos schienen sich zu drehen. Bei einem zweiten Besuch schloss ich mich einem geführten Rundgang an und erfuhr einiges mehr über diesen Kraftplatz. Es lohnt sich, eine Nacht dort zu verbringen und die Fülle der ungewöhnlichen Geschehnisse zu fotografieren. Man wird verschiedene Ebenen, Kugeln, sich drehende Portale, Himmelslichter und wirbelnde Öffnungen in eine andere Dimension einfangen. Man mag sogar Levitation und teilweise Unsichtbarkeit erleben. Als wir auf dem von Bäumen gesäumten Weg entlang gingen, bemerkten wir, dass nicht die kleinste Kreatur in diesem Wald lebte. Wir sahen nicht ein einziges Eichhörnchen oder einen Vogel in diesem Gebiet. Es herrschte absolute Stille, ein ungewöhnlicher Zustand für einen Wald. Die vielen Dinge, die man dort erlebt, machen nur noch neugieriger.

Sedona Wirbel

Die um Sedona, Arizona, gelegenen Wirbel helfen Besuchern angeblich, Klarheit in ihrem Leben zu finden. Die Energie scheint Gebet, Meditation und Heilung zu erleichtern. Die sanften Energiezentren muss man selbst erleben. Es heißt, sie erhöhen die spirituellen Kräfte. Ich bin dort gewesen. Mit einem Gefühl der Schwerelosigkeit lief ich den Berg zu einem bekannten Energiewirbel hinauf. Während meines gesamten Aufenthaltes war ich hellwach und machte die Erfahrung, ein interdimensionales Portal zu durchschreiten. Diese unvergessliche Erfahrung berührte mich zutiefst.

Great Serpent Mound

Der Great Serpent Mound liegt in Adams County, Ohio, und ist der größte künstliche Erdhügel der Welt. Er wurde als Riesenschlange von übernatürlicher Erscheinung und Kraft gestaltet. Inzwischen ist er weltweit als geheimnisvoller Ort bekannt, an dem regelmäßig seltsame Dinge geschehen. Angeblich wird er von den Geistern der verstorbenen Erbauer aufgesucht. Viele Menschen berichten, dass sie dort ihre innere Mitte fanden und ihre Chakras sich öffneten.

Asheville Vortex

Der Asheville Vortex befindet sich in den Great Smoky Mountains in North Carolina. Man hat vierundzwanzig aktive Wirbel zwischen Black Mountain und Waynesville sowie verschiedene Kraftplätze entdeckt. Asheville weist die höchste Dichte auf. Ich habe mich in den nahegelegenen Bergen aufgehalten und spürte den Einflussbereich der Vortex-Energie und der stark schwingenden Plätze. Ganzheitliche Therapeuten und Esoteriker ließen sich in dieser Gegend nieder, die dazu einlädt, ungewöhnliche Energien zu erkunden.

Wahrscheinlich wird man dabei mit atemberaubenden Veränderungen seiner Realität konfrontiert werden. In solchen Gebieten geschehen seltsame und nicht erklärbare Dinge, die dem Wissenschaftler Rätsel aufgeben. Mit der Fülle einer solchen zur Verfügung stehenden Energie wird man mit Sicherheit die ungewöhnlichsten Erfahrungen machen und sich nicht wundern, wenn mitgeführte Geräte nicht mehr funktionieren.

Höhlen

Höhlen sind dunkle, feuchte, unheimliche Orte, die sich hervorragend als Kulisse für Geistergeschichten eignen. Sie verfügen tatsächlich über die richtige Kombination von Elementen, um einen Spuk zu inszenieren. Die Dunkelheit sorgt für sensorische Deprivation, was die übersinnliche Wahrnehmung verstärkt. In früheren Jahrhunderten zogen sich Menschen in stockdunkle Höhlen zurück, um Weisheit aus ihren Visionen zu schöpfen. Die alten Griechen strebten Erleuchtung und Bewusstseinsveränderungen an, indem sie sich in Höhlen begaben und in Wasserbecken starrten. Bergarbeiter, die in Höhlen eingeschlossen waren, erzählten häufig von Halluzinationen und Visionen.

Untersuchungen des Psychologen Wolfgang Metzger ergaben, dass es einen schlüssigen Grund für die erhöhte Geisteraktivität an verdunkelten Orten gibt. Fehlen die visuellen Stimuli, wird das Gehirn empfänglicher für das Gesamtfeld. Das Gesamtfeld umfasst mehr, als wir gewöhnlich sehen können (andere Frequenzen, wie die der Geistigen Welt). Eine sensorische Deprivation lässt uns Dinge wahrnehmen, die sich normalerweise unserem Blick entziehen. Der Ganzfeld-Selbstversuch mag Aufschluss über dieses Phänomen geben. Man stülpe Ping-Pong-Ballhälften über die Augen, lausche mittels Kopfhörern weißem Rauschen und schaue in ein rotes Licht.

Feuchtigkeit wird häufig mit Spuk in Verbindung gebracht. Es heißt, Wasser diene als Leitung zwischen der Geistigen und unserer Welt. In Höhlen herrscht eine große Feuchtigkeit. In manchen sprudeln Quellen oder Wasserfälle, in einigen gibt es Wasserteiche.

Die Höhlenbewohner früherer Zivilisationen könnten ebenfalls für möglichen Spuk verantwortlich sein. Ihr Geist kehrt an den Ort zurück, an dem sie einst gelebt haben. Ich glaube, die Höhlenenergie dient dazu, die Energie festzuhalten. Ein solches Umfeld könnte als Katalysator für Geistererscheinungen wirken.

Wabasha Street Caves

Die Wabasha Street Caves in Saint Paul, Minnesota, sind schon seit langem dafür bekannt, dass es dort spukt. Die Sandsteinhöhlen wurden in den 1840er Jahren von Bergarbeitern gegraben und dienten einst als Versammlungsort für Gangster wie John Dillinger. Es wurden viele Geistgestalten dort gesichtet, die wie Gangster aus den 1920er Jahren aussahen. Forscher haben zahlreiche Tonbandaufnahmen gemacht und geisterhafte Begegnungen dokumentiert.

Ruby Falls

Ruby Falls liegt innerhalb von Lookout Mountain, nahe Rock City und Chattanooga, Tennessee, und trägt den Namen der Frau des Entdeckers. Die Ureinwohner Amerikas nutzten einst die Kalksteinhöhlen in Chattanooga als Unterkunft und um ihren Feinden zu entkommen. Im Bürgerkrieg dienten sie als Lazarett. Berüchtigte Banditen sollen sie als Versteck genutzt haben. In der Höhle stürzt ein unterirdischer Wasserfall erstaunliche vierundvierzig Meter in die Tiefe. Man ist sich nicht sicher, woher das Wasser kommt, das ihn speist, da alle Versuche, den Ursprung zu entdecken, fehlgeschlagen sind. Als ich dort umherwanderte, spürte ich deutlich die Energie der amerikanischen Ureinwohner, die an diesem Ort noch sehr präsent zu sein scheinen.

Mammoth Cave

Mammoth Cave in Zentral-Kentucky ist wohl das längste Höhlensystem der Welt. Experten behaupten, es bestehe schon seit mehr als zwölftausend Jahren. Seine Geschichte begann mit den frühen Siedlern. Im Krieg von 1812 zwischen den Vereinigten Staaten und dem Britischen Empire bauten Sklaven dort Salpeter zur Herstellung von Schießpulver ab. Shawnee- und Cherokee-Indianer jagten in diesem Gebiet und sollen die Höhle als Unterschlupf genutzt haben. Den frühen Forschungsreisenden und Höhlenbewohnern diente sie wohl als Begräbnisstätte, da man im Laufe der Jahre zahlreiche Mumien entdeckt hat, die aufgrund des Mineralgehaltes in der Höhle erhalten geblieben sind. Es gibt zahllose Geschichten über Geister und Geistererscheinungen. Touristen wollen Leute in der Kleidung der alten Siedler gesehen haben. Diese schlossen sich dem geführten Rundgang an und verschwanden dann.

Lemp Mansion Cave

Das Lemp Anwesen in St. Louis, Missouri, gehört zu den gespenstischsten Häusern des Landes. Der Reichtum der Familie Lemp konnte ihre großen Verluste, die sie erlitt, nicht auffangen. Johann

Adam Lemp kam 1838 aus Deutschland, ließ sich in St. Louis nieder und gründete eine Bierbrauerei. Nach seinem Tod übernahm sein Sohn William die Brauerei, erweiterte sie und machte sie zum Großlieferanten von Lemp Bier. Er bereitete seinen Lieblingssohn Frederick darauf vor, das Familienunternehmen zu übernehmen. Der kränkelnde junge Mann soll sich aber zu Tode gearbeitet haben. Er starb an Herzversagen. Der Vater erholte sich niemals vom Tode seines Sohnes und zog sich von der Außenwelt zurück. Angeblich benutzte er täglich die unterirdischen Gänge von seinem Haus zur Brauerei. Als er die Geschäfte nicht mehr führen konnte, erschoss er sich in seiner Villa.

Williams Tochter Ella litt unter Eheproblemen und erschoss sich nach seinem Tod in ihrem Haus in St. Louis. Der Nächste in der Erbfolge war Williams Sohn William jr., der die Höhlen als Bierlager nutzte. Außerdem ließ er dort einen Ballsaal, einen Swimmingpool und ein Theater bauen. Nachdem er das Familienvermögen verloren hatte, erschoss er sich und starb in seinem Büro im Herrenhaus. Jahre später beging Charles, ein weiter Sohn von William, ebenfalls Selbstmord. Er erschoss sich in der Villa.

Nach der Prohibition wurde die Höhle versiegelt und das Haus als Fremdenpension genutzt. Aufgrund der Familiengeschichte und des unterirdischen Höhlensystems wäre dieses Anwesen ein interessantes Untersuchungsobjekt. Was führte zu einer solchen Tragödie? Obwohl die Höhlen wahrscheinlich nicht zugänglich sind, könnten sie dennoch zu dem angeblichen Spuk beitragen. Heute fungiert das Lemp Anwesen als Restaurant und Gasthof und soll Amerikas berühmtestes Geisterhaus sein.

Hinweis für amerikanische Leser: Sollte dein Haus auf einem unterirdischen Höhlen- oder Tunnelsystem gebaut sein, wird dort mit höchster Wahrscheinlichkeit geistige Energie gefangen liegen. Untergrundbahnen und Alkoholschmuggel während der Prohibition, die sich in einem solchen Tunnelnetz bewegten, waren verbunden mit starken Emotionen und mit Tod. Szenarien, die sich für eine Untersuchung anbieten.

Heiliger Boden und Begräbnisstätten

Die antiken Völker bezeichneten einen Bereich, in dem übernatürliche Kräfte herrschten, die sie nicht verstanden, als teuflisch. Da sie nicht begriffen, warum sich diese Gebiete den physikalischen Gesetzen widersetzten, schrieben sie ihnen negative Kräfte zu. In Wirklichkeit handelt es sich um natürliche Ursachen, die inzwischen teilweise erforscht wurden. Kristalle, Mineralien, Magnete, unterirdische Höhlen, Wasserläufe und Energiewirbel schaffen die Voraussetzungen für nicht erklärbare Vorfälle.

Teufelsturm

Der im nordöstlichen Wyoming gelegene Teufelsturm gehört zu den eindeutigsten natürlichen Formgestaltungen dieser Welt und soll einer der stärksten Kraftplätze dieses Kontinents sein. Der etwa vierhundertdreißig Meter hohe, oben abgeflachte Felsen überragt die umliegende Ebene. Die Ureinwohner Amerikas nutzten ihn als Aussichtsplattform und für unterschiedliche Zeremonien. Sie glaubten, der Fels besäße übernatürliche Kräfte und verlieh ihnen mystische Erkenntnisse. Angeblich umkreisen ihn die Geister von Ureinwohnern und zahlreichen Tieren. Es heißt, das dort herrschende starke elektromagnetische Feld wirke als Auslöser religiöser Erfahrungen und höherer Bewusstseinszustände.

Begräbnisstätten

Die amerikanischen Ureinwohner lebten in Einklang mit Mutter Erde und benötigten keine Instrumente, um einen Energiewirbel festzustellen. Sie beobachteten die Tiere, die bestimmte Areale mieden, sowie die Wachstumsveränderungen von Bäumen. An solchen Kraftplätzen pflegten sie Zeremonien abzuhalten. Die meisten Begräbnisstätten befinden sich auf einem Energiewirbel. Viele glaubten, diese Energie käme ihnen in der Geistigen Welt zugute, nachdem sie ihren Körper verlassen hatten. Nähert man sich diesen Orten mit Respekt, mag man Geistern begegnen, die in der Erdsphäre verharren, um die heiligen Stätten zu beschützen.

Indianer mit Topffrisur

In Florida besuchte ich eine Begräbnisstätte der Calusa-Indianer. Der Geist, dem ich dort begegnete, war nicht begeistert von meiner Anwesenheit. Die Grabhügel waren zur Erinnerung der Calusa in einen öffentlichen Park umgewandelt worden. Bei meinem ersten Besuch folgte ich dem Pfad zu einem Hügel, auf dem angeblich Zeremonien abgehalten wurden. Es gab dort zwei unterschiedlich große Hügel, einen kleineren und einen größeren, auf den man über Stufen hinaufklettern konnte. Ich hockte mich unter den Baum des kleineren Hügels, an dem sie sich auf die heiligen Rituale vorbereiteten. Ich stellte mein Tabakopfer auf den Boden und schloss die Augen, um Kontakt zu den Geistern aufzunehmen. Augenblicklich tauchte ein kleiner, dunkelhäutiger und sehr ärgerlicher Mann auf. Er brüllte mir ins Gesicht und schrie mich in einer Sprache an, die ich noch niemals gehört hatte. Sein schwarzes Haar war so geschnitten, als habe man einen Topf auf seinen Kopf gesetzt und rund herum abgeschnippelt. Dies überraschte mich, da ich mir Indianer immer mit langem und möglicherweise geflochtenem Haar vorgestellt hatte. Obwohl ich nicht verstand, was er sagte, begriff ich, dass er mich dort nicht haben wollte.

Als ich den Park verließ, bemerkte ich ein Schild, das über die Calusa Auskunft gab. Beim Betreten des Parks hatte ich es übersehen. Ich begann zu lesen und stutzte. Die Angehörigen dieses Stammes trugen kurzes Haar. Heute nennt man diesen Schnitt *Topffrisur*. Ich konnte es nicht fassen, denn ich war tatsächlich dem Geist eines Calusa-Indianers begegnet, der immer noch die heilige Stätte beschützte. Die Parkverwaltung erkannte nicht, dass der öffentliche Weg zu einem heiligen Ort gehörte. Bei späteren Besuchen brachte ich mein Tabakopfer dar, betrat aber nicht den zeremoniellen Platz. Die Geister waren zufrieden und hießen mich stets willkommen.

Heilige Wasser

Fatima, Portugal

Überall auf der Welt reisen Menschen an Orte mit angeblich heiligem Wasser. Anfang der 1900er Jahre erschien Maria in Fatima, Portugal, drei Kindern. Pilger aus aller Welt suchen seither diesen Ort auf, den man als geweihtes Land betrachtet. Da es in der ländlichen Gegend für den Ansturm nicht genügend Wasser gab, um es zu trinken oder darin zu baden, waren die Dorfbewohner beunruhigt. Schließlich beschloss man, für die Pilger einen neuen Brunnen zu graben. Obwohl die Arbeiter bald auf eine undurchdringliche Felsschicht stießen, füllte sich der Brunnen auf geheimnisvolle Weise mit Wasser. Die Grabung wurde niemals abgeschlossen. Das Wasser sprudelte dennoch weiter. Laut Experten befand sich der nahegelegenste Wasserzugang mehr als sechs Meilen entfernt, was auch heute noch zutrifft. „Die Quelle unserer lieben Frau" ergießt sich ohne Unterlass. Die Dorfbewohner und Pilger glauben, dass es sich um wundertätiges Wasser handelt. Viele wallfahren an diesen Ort, um zu beten, und andere, um geheilt zu werden. Es wird von zahllosen Wunderheilungen berichtet.

Warme Mineralquellen

Die warmen Mineralquellen von North Port, Florida, produzieren täglich unendliche Mengen an Wasser, das einundfünfzig verschiedene Mineralien enthält. Aufgrund dieses Mineralreichtums stehen sie an dritter Stelle weltweit. Eine konstante Wassertemperatur von etwa fünfunddreißig Grad Celsius erlaubt die ganzjährige Nutzung. Der spanische Forscher Juan Ponce de León entdeckte den mythischen Jungbrunnen, die heutigen *Warm Mineral Springs*. Da er Anspruch darauf erhob, attackierten ihn die Calusa-Indianer und verwundeten ihn schwer. Kurz darauf starb er.

Der Schwefelgeruch mag zunächst stören. Auf dem Weg durch den langen Korridor mit seinen Duschen und Umkleidekabinen mag einen das Gefühl überkommen, als betrete man eine andere Zeit, ein Land der Verlorenen, und erlebe gleich einen lebendigen Dinosaurier.

Dieser Ort gehört zu den wichtigsten archäologischen Unterwasserforschungsstätten der Vereinigten Staaten. Wissenschaftler haben prähistorische Überreste von Menschen, Säbelzahntigern, Riesenfaultieren und sogar Kamelen dort gefunden. Aufgrund des hohen Mineralgehaltes lässt es sich mühelos durch das Wasser waten. Die Leute kommen von überall her. Man weiß nicht, wem man begegnen oder welche Geschichten der Heilung man hören mag. Diese Quelle sollte man persönlich erleben.

Verfluchtes Land

Es gibt Landstriche, die ziehen eine Tragödie nach der anderen an. Es spielt keine Rolle, wo sie sich befinden oder ob sie bebaut sind oder nicht. Manche Leute glauben, die möglicherweise dort herrschende Wirbelbewegung beeinträchtige Menschen und Lebewesen.

Vielen Forschern sind die berüchtigten „Villisca House-Morde „bekannt, die 1910 in Villisca, Iowa, begangen wurden. Bei einem brutalen Überfall wurden eine ganze Familie und zwei Mädchen, die dort übernachteten, getötet. Der Fall wurde nie gelöst. Interessierte können für eine Gebühr in diesem Spukhaus forschen, es untersuchen und sogar darin übernachten. Tonbandaufzeichnungen, die auf den Mörder schließen lassen, stimmen mit den Namen der damaligen Verdächtigen überein.

Der Name der kleinen Stadt Villisca bedeutet „angenehme Aussicht". Ursprünglich nannten die Iowa Indianer (Fox und Sioux) die Stadt Willisca, was so viel heißt wie „Ort der teuflischen Geister". Die meisten Leute, die um jene Tragödie wissen, sind sich der Geschichte des Ortes, auf dem sie passierte, nicht bewusst.

Das Haus wurde auf einem Stück Land gebaut, auf dem die Indianer ihre Geisteskranken unterbrachten. Im Gegensatz zum weißen Mann, der Irrenanstalten baute, um sie dort wegzusperren, glaubten die Ureinwohner Amerikas, den Kranken ginge es in einem anderen Energiefeld gut. Aufgrund ihrer engen Bindung zur Erde verstanden sie die Natur der Energiewirbel. Viele ihrer heiligen Stätten und Grabhügel lagen auf Energiewirbeln. Sie gingen davon aus, dass sich ein bösartiger Wirbel in vielerlei Hinsicht auf Menschen, Tiere oder Pflanzen niederschlägt. Er kann sie krank machen. Ist eine Person aber bereits krank, könnte ihre Energie mit dem Energiefeld harmonieren, ohne dadurch im Geringsten beeinträchtigt zu werden. Das Villisca Haus wurde auf einem solchen Grund gebaut. Später erlebte die Familie dort ihren Untergang. Das Haus hat niemandem, der sich dort häuslich einrichtete, Glück oder Gesundheit gebracht.

Warum stand das Grundstück im Widerspruch zur Natur? Lag es an der Erde selbst, dem Felsen oder den Mineralien, die unter der Oberfläche liegen? Drehte sich der Energiewirbel in entgegengesetzter Richtung? Weist der Boden selbst Störungen auf, sollte man ihn untersuchen, um es besser zu verstehen.

Befasst man sich mit Energiewirbeln, wird man auf einige stoßen, die ein Gefühl von Gesundheit und Ausgeglichenheit vermitteln. Andere scheinen einen krankzumachen, und man möchte sie schleunigst verlassen. Viele Leute glauben, die Gegend sei schädlich, ohne zu verstehen, dass sie persönlich nicht in Einklang mit ihrer Energie schwingen. In einem negativen Wirbel herrscht tatsächlich kein Gleichgewicht. Vielleicht sollte man es herzustellen versuchen, anstatt ihn zu meiden oder zu ignorieren. Das Gleiche gilt für die Begegnung mit einem Menschen. Man mag sich angezogen oder abgestoßen fühlen. Das ist nicht unnatürlich. Lasse dich zu Menschen führen, mit denen du in Einklang schwingst und die du in deinem Leben, deinem Arbeitsplatz und deinem Zuhause willkommen heißt.

Ein verfluchtes Stück Erde

Manchmal wurde ein Stück Land absichtlich mit einem Fluch belegt, was sich von einer natürlich bedingten Störung unterscheidet. Es gibt Fälle, bei denen sich der Spuk nicht auf einen Geist zurückführen lässt. Der Boden selbst scheint sich für vergangene Verbrechen rächen zu wollen. Ein solcher Fluch kann sich über Jahrhunderte hinweg negativ auf die Eigentümer auswirken, was sich in Krankheit, Arbeitslosigkeit und hohen Scheidungsraten zeigt. Oft findet man an solchen Orten brutale übernatürliche Geschehnisse, die Furcht unter den Lebenden schüren und Unruhe stiften.

Meistens ziehen die Bewohner um. Ebenso wie der Fluch absichtlich ausgesprochen wurde, kann er absichtlich beseitigt werden. Man darf einen Fluch niemals zu seinem Urheber zurückschicken oder einem anderen aufbürden. Die Folgen wären verheerend für einen selbst. Man beseitige den Fluch und schicke ihn zurück zu Gott.

Aufhebung eines Fluches

Mittels einer einfachen Heilungstechnik lässt sich ein Fluch aufheben und Karma ausgleichen. Man verbinde sich auf der Thetawellen-Ebene mit dem Schöpfer und spreche innerlich:

Heiliger Schöpfer, mögest Du jeden Fluch von diesem Land aufheben und in Dein Licht holen, damit er in Liebe und Licht transformiert werde. Danke.

Beobachte, wie sich die Energie von dem Stück Land erhebt und lichter wird, während die Dunkelheit zum Himmel aufsteigt. Dann sprich:

Großer Schöpfer, mögest Du dieses Land heilen und mit Deiner Liebe erfüllen, um alle Menschen, die mit die-

sem Grundstück energetisch in Verbindung stehen, die Lebenden und die Toten, zu heilen, Danke.

Beobachte, wie das Licht das Anwesen mit Licht erfüllt, die Natur ausgleicht und gesunde Wesen einlädt, dieses Gebiet zu bewohnen. Siehe die Menschen in diesem Umfeld ebenfalls als geheilt an.

Trauma eines Landes

Bürgerkrieg

Der am meisten mit Blut durchtränkte Boden in den Vereinigten Staaten ist zweifellos der, auf dem der Bürgerkrieg tobte. Gettysburg ist bekannt für seine Geister. Aber auch in Chickamauga, Tennessee, findet man unzählige Geistererscheinungen und Stimmen von Kriegsopfern aus dem Jenseits. Die zweitägige Schlacht von Chickamauga (1863) forderte 35.000 Tote. Die meisten Soldaten wurden auf dem Schlachtfeld in Massengräbern beerdigt. Nicht angemessen bestattet zu werden, führt häufig zu gespenstischen Erscheinungen.

Nachts suchten Frauen im Schein von Laternen nach ihren Lieben, die verwundet oder tot dalagen. Offenbar hört man heute noch die Schmerzensschreie der Frauen auf dem Schlachtfeld und sieht den Schein ihrer Laternen umhergeistern.

Ein Geist, der einen grausamen oder frühzeitigen Tod erlitt, geht oft nicht ins Licht. Jene jungen Soldaten wurden nicht angemessen bestattet, sondern zusammen mit vielen anderen in einer Grube vergraben. Heute noch entdeckt man Körper von Soldaten aus dem Bürgerkrieg. Für viele ist der Krieg noch immer nicht beendet.

Ein Land, das eine solche Tragödie und den Verlust menschlichen Lebens erlebt, trauert. Die Qual und der Schmerz der Menschen sickerten in den Boden. Die entsetzlichen Szenen wiederholen sich immer wieder. Ziellos wandern die Soldaten umher. Das Land ist verwundet. Es ist an der Zeit, die alten Wunden zu heilen.

Durch Gebet, Meditation und Heilungsrituale kann man das Land heilen. Man gehe dabei ebenso vor wie bei Menschen.

Das Land heilen

Ein von Krieg oder Mord traumatisierter Boden kann von dem Schmerz und den Narben geheilt werden, die eine Tragödie hinterließ. Diese Energie von der Ebene der Thetawelle aus zu heilen, erneuert ihn.

1. Lasse dich bequem an einem ungestörten Platz nieder.
2. Schließe die Augen. Atme langsam ein und aus, um dich zu entspannen und deine Mitte zu finden.
3. Fühle die Energie von Mutter Erde über deine Fußsohlen in dir aufsteigen.
4. Lasse diese Energie auf ihrem Weg zum Scheitel jedes deiner Chakras sanft öffnen.
5. Stelle dir vor, dein Bewusstsein erhebe sich über den Scheitel hinaus in den Raum.
6. Lasse die Energie so lange aufwärts fließen, bis deine Augenlider leicht zu flattern beginnen.
7. Bringe deine Absicht zum Ausdruck, dich mit Gott, dem Schöpfer oder was immer du als höhere Macht erachtest, zu verbinden.
8. Hast du eine starke Verbindung aufgebaut, magst du folgenden Impuls geben:

Unendlicher Schöpfer, mögen alle niedrig schwingenden Geister, die sich momentan hier auf dem Land befinden, jetzt ins Licht zurückfinden. Beseitige alle Flüche, mit denen es belegt ist, oder heile alle Tragödien, die sich hier abspielten. Segne alle Aspekte dieses Bodens und jeden, der mit ihm in Verbindung steht, Lebende wie Tote. Erfülle dieses Land mit pulsierendem heilenden Licht und stelle jetzt sein göttliches Gleichgewicht wieder her. Danke.

9. Siehe deine Energie aus der Schöpferenergie in dein Zuhause herabströmen.
10. Vergegenwärtige dir das Land.
11. Beobachte den Prozess. Du wirst dunkle Energien ins Licht wandern sehen. Bilder des Schlachtfelds mögen an deinen inneren Augen vorbeiziehen und sich auflösen. Hat sich die Dunkelheit verzogen, siehe Licht jeden Aspekt des Landes für immer erfüllen. Beobachte, wie die Natur pulsierend auf diesen Wandel reagiert. Wenn du den Prozess als abgeschlossen empfindest, ist dem so.

Anmerkung: *Der Prozess muss beobachtet werden, während du mit dem Licht verbunden bist, um wirksam zu sein.*

9

Apparaturen

Sobald du gelernt hast, dich über die Thetawelle mit dem Licht zu verbinden, wirst du wahrscheinlich beginnen, mit Geistern zu kommunizieren. Sollte es dir Schwierigkeiten bereiten oder möchtest du zusätzliche Bestätigung, kannst du auf verschiedene Hilfsmittel zurückgreifen. Dank der Popularität der *Paranormal Investigation Shows* im Fernsehen hat die Industrie Geräte erfunden, die eine Kommunikation mit der anderen Seite erleichtern. Sie bieten die Möglichkeit, was du fühlst, siehst und intuitiv weißt, wissenschaftlich zu erhärten.[*]

Digital Recorder

Jeder, der daran interessiert ist, mit Geistern zu kommunizieren, sollte einen Digitalrecorder besitzen, um elektronische Stimmenphänomene (ESP) aufnehmen zu können. Diese sprachähnlichen Geräusche kann man auf einem elektronischen Gerät, nicht aber in der Umgebung, in der sie aufgenommen werden, hören. Eine Stimme, die man mit den eigenen Ohren hört, wird als geisterhaft betrachtet, wohingegen ESP's nur auf der Aufnahme entdeckt werden können. Wahrscheinlich liegt es an der höheren Frequenz, die unser Ohr nicht erreicht, vergleichbar mit einer Hundepfeife.

---

[*] Es gibt zahlreiche ausgezeichnete Websites, auf denen solche Ausrüstungen angeboten werden. Meine bevorzugten Partner sind Digital Dowsing (www.digitaldowsing.com) und The Ghost Hunter Store (www.theghosthunterstore.com).

Alle Aufnahmegeräte besitzen unterschiedliche Frequenzbreiten. Es lohnt sich daher, bei einer Untersuchung mehrere Recorder einzusetzen.

Zu Beginn meiner eigenen Untersuchungen benutzte ich mein normales Aufnahmegerät, mit dem ich aber keine ESP's einfangen konnte; anderen Leuten ist es gelungen. Um der Eindeutigkeit willen, sollte man bei jedem Kommunikationsversuch ein neues Kassettenband einlegen. Bei meinen Sitzungen bevorzuge ich einen Digitalrecorder. Sie können stundenlang aufnehmen und richten automatisch Ordner ein, die helfen, die einzelnen Untersuchungen voneinander zu trennen. Man kann sie leicht zurückspulen. Da sie kompakt sind, wird immer eine Kassette zur Verfügung stehen. Außerdem lassen sich die Audioclips auf den Computer übertragen.

Ich besitze einen Sony Digitalrecorder für ungefähr sechzig Dollar. Da er Nebengeräusche ausfiltert, werden die ESP's kristallklar. Leider verschwinden dadurch auch leise ESP's. Das gleichzeitig eingesetzte Zusatzgerät EFP (ESP Field Processor) erlaubt es mir, eine Lichtaktivierung zu beobachten, die auf eine ESP-Reaktion hinweist. Auf diese Weise erkenne ich, dass die Kommunikation mit der Geistigen Welt aufgebaut wurde. Dieses Zusatzgerät kostet etwa hundertfünfzig Dollar und kann über das Internet gekauft werden. Gute Kopfhörer, die die Ohrmuscheln bedecken, sind ebenfalls wichtig.

Ein RT-ESP Instrument lohnt sich ebenfalls. Wiedergabe und Aufnahme erfolgen parallel, das heißt, man hört umgehend die Antworten auf gestellte Fragen. Mithilfe der eingebauten Spirit Box lässt sich der jeweilige Frequenzbereich, den ein Geist nutzt, einstellen. Der Frequenzspielraum ermöglicht Echtzeit-Unterhaltungen mit der Geistigen Welt, die sich der dadurch entstehenden Rauschstörung bedienen. Sobald der Kontakt hergestellt wurde, lassen sich mehrere Unterhaltungen führen. Ein solches Gerät ist über das Internet für ungefähr zweihundertfünfzig Dollar erhältlich.

Die SB7 Mini Spirit Box wurde am 30. Oktober 2009 zum ersten Mal in der *Ghost Adventures „live" Show* aus dem Trans-Allegheny Lunatic Asylum vorgestellt. Es handelt sich um einen Frequenzscanner, der zu ähnlichen Ergebnissen wie der ESP Recorder führt, aber in Echtzeit. Er gleicht dem RT-ESP Instrument. Dieses Modell besitzt eine Frequenz-Justiervorrichtung, vorwärts und rückwärts, verbunden mit einem Rauschstörungsgenerator zwischen den einzelnen Frequenzstufen. Das Gerät wird eingesetzt, um mit der Geistigen Welt direkt zu kommunizieren. Es lässt die Geister so sprechen, dass man sie hören kann, und kostet etwa achtzig Dollar.

Danke für den Übertritt

Über die SB 7 Spirit Box nahmen meine Tochter und ich eines Tages Kontakt zu einem hilfreichen Geist auf. Nachdem er uns seinen Namen genannt hatte, machte er uns auf einen Ort aufmerksam, an dem es Geister gab, die der Hilfe bedurften. Wir suchten den beschriebenen Ort auf und begannen, erdgebundenen Geistern über die Schwelle zu helfen. Innerlich sah ich einen Energiestrom, der vom Licht aufgesogen wurde, während ich die Geister sprechen hörte. Verschiedene Stimmen sagten: „Danke", „Auf Wiedersehen" oder „Sehe dich später." In der Stimme eines kleinen Mädchens hörten wir: „Bye bye." Die Stimmen zu hören, während sie auf die andere Seite geschickt wurden, war eine verblüffende Bestätigung.

Solltest du dir am Anfang die Geräte nicht leisten können, gebe ich dir einen Tipp aus eigener Erfahrung. Während einer Untersuchung versagten in den Geräten alle Batterien. Wir waren umgeben von Geistern. Allein mein alter Digitalrecorder war nicht betroffen. Ich meinte, wenn die Geister unsere Batterien nutzen mussten, um zu kommunizieren, sei dies in Ordnung. Sie könnten aber zumindest „Hallo" sagen. Wir fingen zwei klare Stimmen auf, die sagten: „Hallo", „Hallo." Seither begleitete mein alter Recorder alle unsere Untersuchungen. Bald bemerkte ich, dass der Gruppenleiter das gleiche Aufnahmegerät benutzte. Jeder hatte ihn deswegen gehänselt, da er stets ESP Aufzeichnungen vorzuweisen hatte, wenn die anderen leer ausgingen. Man nahm an, er oder zumindest sein Gerät sei verzaubert. Bald konnte ich bestätigen, dass sein altes Aufnahmegerät sich ebenso effektiv zeigte wie meines.

Bei der Wiedergabe klingt er ein bisschen kratzig, da man die Geräusche nicht herausfiltern kann. Ich glaube, das Gerät schafft seine eigene Rauschstörung, die die Kommunikation für die Geister erleichtert. Man findet solche alten Aufnahmegeräte nicht mehr im Geschäft, wohl aber im Internet. Jeder, der meinen Rat befolgte und sich ein solches Gerät kaufte, erlebte die gleichen erstaunlichen Ergebnisse. Man kann sie sogar en Gros für die gesamte Gruppe kaufen. Das Memorex Modell MB 2054 kostet nur wenig.[*]

EMF Messgerät

Unter einem EMF Messgerät oder Detektor versteht man ein wissenschaftliches Instrument zur Messung von Magnetfeldern. Für eine Untersuchung sollte man mindestens eines dieser Geräte zur

---

[*] Meine aufgefangenen elektronischen Tonbandstimmen übertrage ich auf den Computer, um sie zu analysieren. Mit dem Audacity Software Programm kann man seine Clips überarbeiten und aufbewahren. Einige Aufnahmen habe ich sogar als WAV oder MP3 gespeichert, um sie auf Facebook hochzuladen. Man kann sich das Programm kostenlos herunterladen (http://audacity.sourceforge.net).

Hand haben. Es kann Geister entdecken und anzeigen, wenn sie sich nähern. Ich besitze das Mel Messgerät (Mel8704R Vibe). Befindet sich ein Geist in der Nähe, misst der Beschleunigungssensor die Temperatur (wie einen plötzlich auftretenden Cold Spot), entdeckt Fluktuationen des elektromagnetischen Feldes und zeigt an, wenn ein Astralkörper das Gerät berührt oder Kontakt aufzunehmen versucht. Die Hintergrundbeleuchtung des Gerätes erleichtert das Lesen im Dunkeln. Über das Internet kann man es für ungefähr hundertfünfzig Dollar erstehen.

Die Lichter auf dem Display des Mel 8704R MADD (Magnetic Anomaly Deviation Detector) nutzen viele Forscher als Kommunikationsmittel, wie man es in diesbezüglichen Fernsehsendungen sehen kann: „Einmal blinken für Ja und zweimal blinken für Nein." Das Gerät kostet etwa zweihundert Dollar.

Es ist bekannt, dass Geister besonders in starken elektromagnetischen Feldern aktiv sind. Vor Beginn der Untersuchung eines Ortes sollte man in jedem Fall eine Grundmessung zur Bestimmung der Normalwerte vornehmen. Sobald die Kommunikation mit dem Geist beginnt und zunehmend aktiv wird, schlägt das EMF Messgerät aus. Zur besseren Beweisführung kann man eine EMF Pumpe hinzufügen, die zusätzliche elektromagnetische Frequenzen in das Umfeld pumpt. Eine solche Pumpe kostet bis zu zweihundert Dollar. Aus gesundheitlichen Gründen sollte man sich starken elektromagnetischen Feldern nicht allzu lange aussetzen.

ITK Gerät

Den Begriff der instrumentellen Transkommunikation (ITK) prägte Ernst Senkowski in den 1970er Jahren. Er bezieht sich auf die Kommunikation zwischen Geistern oder körperlosen Wesen und den Lebenden mithilfe aller Arten von Elektrogeräten wie Tonbandgeräten, Faxmaschinen, Fernsehgeräten oder Computer.

Der Ovilus X, ein sprechendes ITK-Gerät, dient der Kommunikation mit der Geistigen Welt. Der Hersteller behauptet allerdings, es diene der Unterhaltung. Es gibt für keines der Geräte, die wir benutzen, eine Garantie. Sie werden alle experimentell eingesetzt. Mit zunehmender wissenschaftlicher Beweisführung des Paranormalen wächst der entsprechende Industriezweig. Die Geräte wechseln und werden verbessert. Es gibt vieles über die andere Seite zu lernen und wie man die Brücke schlagen kann, indem man sich mit den Geistern unterhält.

Mit meinem Ovilus-X-Gerät habe ich einige großartige Ergebnisse erzielt. Es lag bei den Untersuchungen genau richtig, obwohl ich mich nicht auf das Gerät verlasse. Es verfügt über einen Rauschstörungsgenerator und eine EM-Pumpe. Der einzige Nachteil besteht darin, dass man eine digitale Bildschirmanzeige benötigt, um sich der gesprochenen Worte sicher zu sein. Treten Zweifel auf, gestaltet sich eine Unterhaltung schwierig. Die digitale Bildschirmanzeige ist also ein Muss, um mit dem Ovilus Gerät beste Ergebnisse zu erzielen.

Photografien von Geistwesen

Mit einer normalen Digitalkamera konnte ich unzählige ungewöhnliche Bilder einfangen. Für Geistgestalten scheint es recht einfach zu sein, ihre Spuren auf Photografien zu hinterlassen. Seltsamerweise geschieht dies oft sehr viel später als der Zeitpunkt der eigentlichen Aufnahme.

Wenn wir unsere Photos durchstöbern, sollten wir darauf achten, dass uns unsere Augen nicht täuschen. Der Mensch versucht, bekannte Objekte zu finden, besonders solche mit menschlichen Zügen. Als Kind lernt man, die Dinge nach ihrem Muster zu erkennen. Für ein Tier ist diese Fähigkeit überlebenswichtig, um den Fressfeind zu erspähen. Wir reagieren immer noch in dieser

Weise, obwohl wir nicht mehr in der Wildnis leben. Unser Geist gaukelt uns etwas vor. Man sieht Dinge, die nicht da sind. Den Unterschied zwischen Schein und Wirklichkeit wird man erkennen, wenn noch andere Dinge auf die Anwesenheit eines Geistes hindeuten.

Mir ist es gelungen, mit Digitalkameras ebenso wie mit billigen Apparaten Geister abzulichten. Es scheint nicht nur der Photoapparat eine Rolle zu spielen sondern ebenso der Photograph. Wenn man in die Geistige Welt zu schauen vermag, wird man sie wahrscheinlich eher photographisch festhalten können.

Jeder wird sich zu einer anderen Ausrüstung hingezogen fühlen. Meine Kamera begleitet mich seit vielen Jahren. Ich habe regelmäßig Bilder aus der Geistigen Welt mit ihr aufgenommen. Hat man eine Kamera gewählt, sollte man bei ihr bleiben.

Kreise

Während einige Kreise nur Staub und/oder Feuchtigkeit sind, handelt es sich bei anderen um echte Geistenergie. Um den Unterschied erkennen zu können, muss man auf weitere Dinge achten, die sich nicht erklären lassen. Fühlt man sich schwindelig, kribbelig oder spürt eine gewisse Schwere und empfindet die Nähe eines Geistes, mag der Kreis auf dem Photo echt sein. Fängt man ein vernünftiges ESP ein und fotografiert dann den Kreis, kann es als Beweis für seine Echtheit dienen. Im Umfeld eines Geistes, mit dem ich kommunizierte, habe ich auf dem Photo, das ich machte, einen Kreis eingefangen, obwohl auf anderen Bildern, die an demselben Ort aufgenommen wurden, keine Kreise erschienen. Solche Kreise werden weiterhin untersucht, da man sie noch nicht versteht. Möglicherweise treten verschiedene Arten geistiger Energie aus einem Kreis hervor. Man muss sich auf sein Gefühl verlassen, um sie voneinander zu unterscheiden.

Vollspektrum Kamera

Das menschliche Auge kann die Schwingung von Geistern gewöhnlich nicht sehen. Es nimmt das sogenannte sichtbare Licht mit einem Wellenbereich von 380 bis 750 Nanometer wahr. Die unterschiedlichen Wellenlängen des sichtbaren Lichtspektrums werden von den Photorezeptoren in der Netzhaut als Farben im Bereich von etwa 500 Nanometer aufgefangen. Blicken wir auf einen Gegenstand, nehmen wir die Frequenzen, die unter 380 oder über 750 Nanometer liegen, nicht wahr. Diese Lichtfrequenzen kennt man als ultra-violettes oder infrarotes Licht. In diesem Lichtbereich werden oft Bilder von Geistwesen eingefangen, was bedeutet, dass wir von ihnen umgeben sind. Wegen unseres begrenzten Blickfeldes können wir sie nur nicht mit bloßem Auge sehen.

Unser peripheres Sehvermögen erfasst die ultra-violetten und infraroten Lichtfrequenzen, was erklärt, warum viele Menschen Dinge aus den Augenwinkeln wahrnehmen.

Das periphere Sehen unterscheidet keine Farben. Es nimmt Bewegungen wahr. Hierin mag der Grund liegen, dass Leute von vorbeihuschenden schwarzen Schattengeistern berichten. Die Bilder, die sie sehen, sind in Wirklichkeit nicht schwarz oder schattenhaft. Sie erscheinen nur so, da das periphere Sehen keine Farben erkennt. Die U.S.-Truppen werden oft darauf hingewiesen, sich in der Nacht nicht unmittelbar auf Objekte zu konzentrieren, sondern den Blick seitwärts schweifen zu lassen, um sie besser zu sehen. Eine gute Vollspektrum Kamera vermag Dinge zu entdecken, die sich unserem Blick entziehen.

Nachtsicht-Kamera DVR

Die Sony Mini DVR-01 Nachtsicht-Kamera reagiert auf Bewegungen. Sie entdeckt passive Infrarotenergie und Bewegungsfluktuationen. Die Ergebnisse gefielen mir, nachdem ich gelernt hatte, sie aufzubauen (sie muss an einen Fernseher oder Monitor angeschlossen werden). Um ihre Eigenarten kennenzulernen, baute ich die Kamera in unserem Flur auf ein Stativ. Ehe man eine Ausrüstung benutzt, sollte man sich vorher mit ihr vertraut machen. Ich hatte den Apparat so eingestellt, dass er drei aufeinanderfolgende Aufnahmen machte, sobald sich der Bewegungsmelder einschaltete. Als ich mir am nächsten Morgen das Resultat anschaute, war auf den Bildern nur mein nackter Mann zu sehen, der den Flur entlang lief. Man sollte seine Familie vielleicht vorher informieren, wenn man einen neuen Apparat ausprobiert. Dennoch waren die in tiefster Dunkelheit aufgenommenen Photos von hervorragender Qualität.

Das Gerät überzeugte mich. Ich kann es nur empfehlen, will man eine verdächtige Stelle im Haus überprüfen oder eine Untersuchung überwachen. Es lassen sich zusätzliche Kameras anschließen, wenn man mehrere Stellen gleichzeitig überwachen möchte.

Pendel

Ich benutzte Pendel, um die Funktionsweise der Chakras und die subtile Energie des menschlichen Körpers zu überprüfen, lange bevor mir bewusst wurde, dass man mit ihnen auch die Anwesenheit eines Geistes feststellen kann. So wie ein Radioapparat Meldungen über unsichtbare Radiowellen aufnimmt, wirkt ein Pendel wie eine starke Antenne, die Informationen von den Schwingungen und Energiewellen auffängt, die Menschen, Orte, Gedanken und Dinge aussenden. Es leuchtet ein, dass die subtile Energie eines Geistkörpers mithilfe eines solchen Gerätes ebenfalls entdeckt werden kann.

Albert Einstein vollbrachte eindrucksvolle Kunststücke mit Wünschelruten, die seiner Ansicht nach auf elektromagnetische Felder reagieren. Manche behaupten, das Pendel baue eine Brücke zwischen der logischen und der intuitiven Denkweise. Andere meinen, das Pendel verbinde sie mit einer höheren Kraft und sprechen von „Wahrsagen", da die Informationen angeblich aus einer göttlichen Quelle stammen. Wissenschaftliche Forschungen ergeben, dass das Pendel auf die elektromagnetische Schwingung reagiert, die von allem auf der Erde ausgestrahlt wird.

Das Pendel findet Einsatz, um Allergien oder sonstige Erkrankungen festzustellen und sogar Geschlecht und Geburtstermin ungeborener Säuglinge zu bestimmen. Mit seiner Hilfe versucht man, Wasser, Gold, Öl oder andere Mineralien zu lokalisieren. Viele Leute suchen mithilfe eines Pendels Antworten auf ihre Lebensprobleme zu finden. In Frankreich unterstützt es die ärztliche Diagnose. Während des Vietnam-Krieges wurden die US-Marines angewiesen, auf diese Weise Minen und Bunker ausfindig zu machen. Es scheint nicht von Bedeutung zu sein, ob man die Wirkungsweise eines Pendels versteht, verglichen mit der Tatsache, dass es wirkt. Bei paranormalen Untersuchungen kann es ebenfalls vielversprechend eingesetzt werden.

Gewöhnlich stellt man eine Frage, während man das Pendel zwischen Finger und Daumen hält. Es mag vorwärts schwingen für „Ja" und seitwärts für „Nein" oder im Uhrzeigersinn für „Ja" und in entgegengesetzter Richtung für „Nein". Nicht jedes Pendel eignet sich für jeden. Man sollte ein für sich geeignetes finden.

Je mehr man damit arbeitet und den Ergebnissen vertraut, desto einfacher lässt es sich damit arbeiten.

Betritt man einen Ort, an dem es „spukt", fragt man das Pendel, ob sich Geistwesen dort aufhalten. Man kann auch ihre Anzahl ermitteln lassen, indem man erklärt: „Es sind zwei Geister hier." Das Pendel wird mit Ja oder Nein antworten. Erhält man eine positive Antwort, mag man fortfahren: „Es sind drei Geister hier." „Es sind vier Geister hier" und so fort. Man kann auch Einzelheiten erfragen, ob es sich um ein weibliches oder männliches Geistwesen handelt, wie alt es ist und wie lange es sich bereits dort aufhält.

Mit einem Pendel zu arbeiten, mag in der Zusammenarbeit mit der Geistigen Welt neue Möglichkeiten eröffnen. Hat man eine Weile damit gearbeitet, wird man feststellen, dass der eigene Körper ebenfalls auf das Umfeld reagiert und dieses Werkzeug helfen kann, die eigenen medialen Fähigkeiten zu entfalten.

Rutengehen

Es dauert eine Weile, bis man gelernt hat, eine Rute richtig einzusetzen, eine gewisse Beziehung zu ihr aufzubauen und ihr zu vertrauen. Sie kann aus unterschiedlichen Materialien bestehen und bildet gewöhnlich ein „L". Viele Leute biegen sich Drahtbügel zurecht. Gegabelte Zweige, die ein „Y" bilden, haben sich ebenfalls bewährt und wurden benutzt, ehe man die Metallruten herstellte. Selbst der Körper eignet sich für diese Methode. Rutengehen ist so alt wie die Menschheit. Gewöhnlich werden Stäbe oder Zweige eingesetzt. Mit ein wenig Übung kann jeder diese Technik anwenden.

Rutengehen wurde auch als die uralte Kunst der *Rhabdomantie* betrachtet. Als die Menschen ihre Intuitionsfähigkeit zu verlieren schienen, griffen sie zu Hilfsmitteln. Die Wünschelrute wird bereits in den ersten schriftlichen Aufzeichnungen erwähnt. Die alten Ägypter und Babylonier benutzten gespaltene Schilfhalme. Die chinesische Kunst des Feng Shui soll sich aus der Rhabdomantie entwickelt haben. Bei den Römern und Griechen war das Rutengehen ebenfalls bekannt. Selbst die frühen Juden bedienten sich der Wünschelrute zu ihrem eigenen Vorteil. Deutsche Rutengänger entdeckten auf diesem Wege Zinnadern. Im 15. Jahrhundert wurde das Metall im Bergbau gewonnen. Im Mittelalter brachte man das Rutengehen leider mit dem mystischen Unbekannten und Okkulten in Verbindung. Wünschelrutengänger wurden der Hexerei beschuldigt und getötet.

Später stellten Wissenschaftler fest, dass Rutengehen und Elektrizität in irgendeiner Weise miteinander verknüpft sind. In England wurde das Rutengehen neben dem Pferdeflüstern, dem Zaubern und der Stein-Divination als Teil der Volkskultur betrachtet. Man maß allem einen gewissen Wert bei. Die Leute waren von der Wirksamkeit überzeugt. Aus diesem Grunde verbannte man das Rutengehen nicht als Teufelswerk und reichte diese Kunst von Generation zu Generation weiter. Oft haben Religionen Dinge als teuflisch dargestellt, wenn sie für deren Wirksamkeit keine wissenschaftliche Erklärung zu geben vermochten.

Mithilfe der Wünschelrute hat man Wasseradern, Gold, Mineralien, Öl, verschollene Menschen, verlorene Gegenstände und sogar nicht gekennzeichnete Gräber gefunden. Auf diesem Wege mag man auch geistige Energie und den allgemeinen Gesundheitszustand prüfen. Im Grunde genommen handelt es sich beim Rutengehen um ein Hilfsmittel, unserer eigenen Intuition und inneren Führung zu folgen.

Bei einer Untersuchung Wünschelruten einzusetzen, ähnelt der Verwendung von Pendeln. Sobald man festgelegt hat, in welche Richtung die Rute für „Ja" oder „Nein" ausschlagen soll, kann man seine Fragen stellen. Ein weiterer Vorteil besteht darin, dass eine Rute die Richtung weist, in der sich ein Geistwesen befindet. Man folge der Richtung, bis sich die Rutenbewegung verändert. Diese Veränderung markiert das Energiefeld des Geistwesens. Mit einem EMF-Messgerät lässt sich die Stelle bestätigen. Albert Einstein, der das Rutengehen befürwortete, soll geäußert haben:

„Ich weiß nur zu gut, dass viele Wissenschaftler das Rutengehen als eine Art Aberglauben betrachten. Meiner Meinung nach ist dies ungerechtfertigt. Die Wünschelrute ist lediglich ein Instrument, das die Reaktion des menschlichen Nervensystems auf bestimmte Faktoren anzeigt, die uns derzeit unbekannt sind."

Ouija Board

Obwohl das Ouija Board nicht zur Ausrüstung einer paranormalen Untersuchungsgruppe gehört, mag es manche ansprechen, die wissen möchten, was in ihrem Haus herumgeistert. Auf der Suche nach einer Kommunikationsmöglichkeit mit der Geistigen Welt setzen manche Leute alle Hebel in Bewegung, was sie oft zu einem Ouija Board führt. Viele führen einen „Spuk" auf die Benutzung dieses Bretts zurück, ohne nach einer weiteren Ursache zu forschen.

Meiner Meinung nach gibt es zwischen einem Ouija Board und anderen Divinationsinstrumenten keinen Unterschied, einschließlich dem Pendel, der Wünschelrute oder den eigenen Körpersignalen (Prickeln, Gänsehaut oder Schwindel). Ouija Boards sind keineswegs Teufelszeug. In der Geistigen Welt tendiert man dazu, Energien anzuziehen, die der eigenen Energie ähneln – Gleiches zieht Gleiches an. Die Wirksamkeit eines solchen Hilfsmittels hängt von der Erfahrung des Benutzers ab. Ich glaube nicht, dass der Gebrauch eines solchen Brettes Türen zur Geistigen Welt öffnet, da diese uns unabhängig davon jederzeit umgibt.

Mit einem Ouija Board zu spielen, mag spannend sein und ein unberechenbares Wesen anziehen, was aber auch ohne das Brett eintreten kann, wenn die Person sich darauf konzentriert. Die Leute werden ständig von Geistern geplagt. Die Geistige Welt wartet nur darauf, dass wir ihr Aufmerksamkeit schenken oder Kontakt aufnehmen, und sie wird versuchen, mit uns zu kommunizieren, mit und ohne Gerät. Ebenso wenig wie du mit irgendjemandem in der irdischen Welt Kontakt aufnehmen willst, sollte dies auch mit der Geistigen Welt geschehen. Du bist der Herr und du wirst bestimmen.

Man sollte ein Ouija Board nur verwenden, wenn man sich wohl dabei fühlt. Angst ist ein starker Magnet, der unerwünschte Energie anzieht. Daher sollte man dieses Hilfsmittel respektvoll einsetzen. Ich habe es stets ebenso ehrfürchtig benutzt wie ich Behandlungen oder Readings bei den Lebenden durchführe. Entzünde eine Kerze und verbrenne ein wenig Räucherwerk, um eine möglichst hohe Schwingung zu bewahren. Lenke deine Aufmerksamkeit alleine darauf, in deiner höchsten und besten Weise nur mit höher schwingenden Geistwesen zu kommunizieren. Auf diesem Wege Kontakt herzustellen, mag eine unmittelbare Kontaktaufnahme vorbereiten. Nach einer Weile wird das Ouija Board den direkten Kontakt eher behindern.

Wahrsagen

Manche Leute lesen die Zukunft aus Teeblättern. Andere wahrsagen aus Wolkenformationen oder Kristallkugeln. Es gibt vielerlei Möglichkeiten. Die Technik, die ich erlernte, stammt von einem Medium und ist darauf angelegt, in vergangene Leben zu blicken. Zwei Personen sitzen sich gegenüber. Dazwischen steht ein Tisch mit einer brennenden weißen Kerze. Beide blicken sich in die Augen (oder auf den Augenbrauenbereich) mit der Absicht, andere Orte und andere Epochen zu sehen. Die Augen entspannend, löse man sanft die Konzentration. Wer das Buch *Die Prophezeiungen von Celestine* gelesen hat, mag sich erinnern, dass die Aufmerksamkeit, die man einer anderen Person (einem Tier, einer Pflanze und so fort) entgegenbringt, deren Aura erweitert. Wenn du die Aura wahrzunehmen vermagst, wirst du beobachten, wie sie aufleuchtet und sich ausdehnt, sobald ihr Aufmerksamkeit und Liebe geschenkt wird. Ständig bauen wir das Energiefeld einer anderen Person auf oder ab, indem wir ihr Aufmerksamkeit schenken oder vorenthalten. Wird diese Energie durch konzentrierte Aufmerksamkeit zurückgegeben, erhöht sich das Schwingungsfeld beider Personen. Ich habe die Erfahrung gemacht, dass nach zehn bis zwanzig Minuten der Schleier fällt und man in die Geistige Welt blicken kann. Man darf während des Vorgangs weder sprechen noch sich bewegen, um die Energie aufrechtzuerhalten. Man kann blinzeln aber nicht zusammenfahren, wenn man auf seinem Gegenüber Gesichter aus vergangenen Leben zu sehen beginnt. Diese recht einfache Technik wird jeder ausüben können.

Oft habe ich erlebt, dass der Geist eines verstorbenen Angehörigen die konzentrierte Person überlagerte. Je mehr man übt, desto besser wird man in die Geistige Welt „schauen" können. Diese Technik kann man auf alles anwenden. Umgib dich mit Licht, damit du nur Geister und Erfahrungen anziehst, die dir zum Höchsten und Besten gereichen und durch die alle anderen auch beschützt sind.

Taschenlampe

In den meisten Fällen findet die Untersuchung eines Ortes, an dem es spukt, nachts statt, was nicht heißt, dass Geister nur dann ihr Spiel treiben. Nachts lassen sie sich leichter fotografieren. Infrarot- oder Nachtsicht-Kameras funktionieren nur bei Dunkelheit. Geister sind Tag und Nacht aktiv. Manchmal werden sie rüpelhaft und schalten das Licht während einer Untersuchung aus. Es zahlt sich aus, wenn man eine Taschenlampe bei der Hand hat. Die LED- Taschenlampen sind handlich und preiswert und leisten gute Dienste. Jeder in meiner Gruppe trägt eine solche Lampe bei sich.

Ausrüstungstasche

Welche Tasche man wählt, hängt von der Anzahl der Geräte ab, die man benutzen will. Bewährt haben sich Reisetaschen aus Canvas mit vielen Fächern. Je mehr Fächer, desto besser. Man kann seine Ausrüstungsgegenstände getrennt aufbewahren und findet rasch, was man jeweils benötigt. Daneben gibt es robuste, mit Schaumstoff ausgelegte Koffer, in denen die Geräte sicher transportiert werden können.

Batterien

Ein wichtiger Aspekt sind die Batterien. Bekanntlich kann die Anwesenheit eines Geistes die Batterien entleeren. Bevor man mit der Untersuchung beginnt, sollte man sie überprüfen. Ich habe allerdings die Erfahrung gemacht, dass die Batterien in allen Geräten gleichzeitig leer wurden, obwohl ich neue eingelegt hatte. Man sollte also jede Menge Ersatzbatterien mit sich führen.

Notizbuch und Stift

Es lohnt sich, die unterschiedlichen Ergebnisse der einzelnen Orte zeitlich festzuhalten, um sie später müheloser auf der Beweisaufnahme zu finden. Alles, was einem wichtig erscheint wie Temperaturschwankungen, Geräusche und Empfindungen, sollte man aufschreiben. Seit Jahren führe ich mein paranormales Tagebuch. Ich notierte Datum und Zeit aller Begegnungen mit Geistern, die ich zu Hause erlebe. Bei der Durchsicht habe ich entdeckt, dass viele Daten mit dem Jahrestag von verstorbenen Verwandten zusammenhängen. Meistens schaute nur ein Geist herein, um Hallo zu sagen. Es spukte nicht im Haus.

10

Den Spuk untersuchen

Die Ratschläge in diesem Buch werden helfen, einen vermeintlichen Spuk zu beseitigen. Zunächst muss ich ein paar Fragen stellen, damit du weißt, welche Art von Spuk vorliegt. Gibt es in deinem Bekanntenkreis jemanden, der erst kürzlich verstarb? Hat die paranormale Aktivität in diesem Zeitraum begonnen oder bestand sie schon vorher? Bist du kürzlich umgezogen oder hast in deinem Haus umfangreiche Renovierungsarbeiten durchgeführt? Hast du Antiquitäten erstanden oder ein Familienerbstück erhalten? Hat ein Gast bei dir übernachtet, der Drogen nimmt? Hat sich der Inhalt deiner Träume drastisch verändert? Bist du bewusstlos geworden oder hast dich kürzlich einer Operation unterzogen? Scheint die Gegenwart in irgendeiner Weise bedrohlich oder gefährlich zu sein? Kannst du genau sagen, wann die Aktivität zum ersten Mal auftrat?

Wenn du jahrelang in einem Haus gewohnt hast und plötzlich seltsame und unerklärbare Dinge erlebst, ist etwas geschehen. Da du weißt, was sich in deinem Leben und in dem derer, die dich umgeben, ereignet hat, mag es dir am besten gelingen, Nachforschungen anzustellen. Oft lässt sich die Ursache des Spuks entdecken, wenn man den Vorfall selbst oder dessen Beginn genau festlegen kann. Vielleicht haben Familienangehörige unbewusst etwas mit nach Hause geschleppt. Ist jemand aus dem Bekanntenkreis gestorben, mag es sein, dass er sich nur zu verabschieden sucht. Renovierungsarbeiten können irgendeine im Haus gefangene Energie freigesetzt haben. Ich habe Leute gekannt, die nach der Operation aufwachten und Dinge sehen konnten, die sie früher nicht sahen. Plötzlich einsetzendes geistiges Schauen mag alarmierend wirken, da es unvorbereitet auftritt. Alles, was man gelernt hat, mag infrage und seine Überzeugungen auf die Probe gestellt werden.

Bist du umgezogen und hast gleich von Anfang an bemerkt, dass etwas nicht stimmte, kann es mit dem Grundstück oder dem Haus zusammenhängen. Bist du der Eigentümer, sollte es nicht schwierig sein, anhand der Unterlagen früherer Eigentümer Todesfälle aufzudecken. Sowohl ein natürlicher als auch ein tragischer und vorzeitiger Tod können ungewöhnliche Betriebsamkeit im Haus verursachen. Jeder mag sich nach dem Tod frei entscheiden, ob er ins Licht geht oder in der Erdsphäre verharrt.

Viele Leute fürchten sich, weil sie glauben, nicht ein Geist sei in ihrem Haus, sondern ein teuflisches Wesen. Möglicherweise begegnet man einem Geist, der niemanden in seinem Haus duldet, der weibliche oder männliche Personen, Kinder oder Tiere ablehnt. Geister können bedrohlich anmuten, ohne wirklich böswillig zu sein. Man achte auf seine Familie, damit niemand den Geist oder das Wesen durch seine Angst nährt. Niemand darf sich emotional von einem Geist beeinträchtigen lassen. Man merkt es daran, dass ein Familienmitglied plötzlich unvernünftig, ärgerlich oder lethargisch wird.

Notiert man sich die seltsamen Vorkommnisse im Haus, wird man bald feststellen, dass eine Erscheinung stets zur selben Zeit und am selben Ort auftaucht. Es ist gut zu wissen, ob es sich dabei um die Spuren eines Geistes handelt oder tatsächlich um einen interaktiven und lästigen Gast. Vermutet man ihn in bestimmten Bereichen, können gesammelte elektronische Stimmphänomene hilfreich sein, um zu erkennen, welche Art von Geist zugegen ist und ob er zu kommunizieren vermag. Ehe man Kontakt zu ihm aufnimmt, sollte man im Gebet um Schutz bitten. Nach der Kommunikation löse man seine Energie mit einem abschließend nachgesprochenen oder freien Gebet, um eine energetische Verbindung zwischen sich und dem Geist abzubrechen.

Will man keine Beweise sammeln, sondern den Geist einfach nur loswerden, kann dies geschehen, ohne zu wissen, wer er ist oder was er will. Dies ist jetzt dein Haus. Du musst den Spuk nicht unbedingt untersuchen. Die meisten Leute wollen wissen, wer in ihrem Haus herumgeistert und warum, um zu beweisen, dass sie nicht verrückt sind, weil sie die seltsamen Ereignisse sehen und erleben. Um jemandem beizustehen, die Schwelle zu überschreiten, bedarf es keiner genauen Erforschung.

Grenzen setzen

Gesammelte elektronische Stimmphänomene sollten nicht mehr abgespielt werden, nachdem das Haus gereinigt wurde, um die Wesen nicht erneut anzuziehen. Dies kann geschehen, wenn man sie wiederholt ablaufen lässt oder wenn durch das Anhören eine gewisse emotionale Bindung entsteht. Am besten hört man sie niemals mehr an. Will man sie einer anderen Person vorspielen, sollte dies weit außerhalb des Hauses geschehen.

Wenn man viel Zeit darauf verwendet, Fernsehsendungen über Spukerscheinungen anzuschauen, Bücher über Geister zu lesen, Séancen abzuhalten oder Kontakt zu Geistern aufnehmen zu wollen, kann es geschehen, dass man solche Energien anzieht. Man sollte Grenzen setzen. Will man erdgebundene Geister befreien, möchte sie aber nicht ständig in seiner Nähe wissen, erkläre man ihnen, wann sie kommen können. Man setzt eine bestimmte Tageszeit fest, nimmt sich einige Minuten Zeit, um ihnen zu helfen, und fährt dann mit seinem Alltag fort.

Ich verwehre den Geistern generell den Zutritt zu meinem Schlafzimmer. Es gab eine Zeit, in der sie nachts mein Bett umringten. Sie waren die Ersten, die ich beim Aufwachen sah. Sie standen einfach nur da und warteten auf meine Hilfe. Mitunter versuchten sie sogar, in meinen Körper einzudringen.

Weil ich an meine Arbeit in den geistigen Dimensionen gewöhnt bin, vertreibe ich selbst im Schlaf bestimmte Wesen und helfe störenden Geistern beim Übergang in die Andere Welt. Da meine Arbeit immer auf der geistigen Ebene erfolgt, setze ich sie in der Nacht nur fort. Mein Mann und meine Tochter haben mich geweckt, wenn ich im Schlaf seltsame Geräusche von mir gab. Nach dem Aufwachen rufe ich mir alles ins Gedächtnis zurück und überprüfe es nochmals, um sicherzugehen, dass meine Arbeit fehlerfrei und vollständig ablief. Heute vertraue ich dem Prozess.

Ich habe sehr bald Grenzen gezogen und beschlossen, keinem Geist zu erlauben, mein Schlafzimmer zu betreten. Wortlos oder laut spreche man:

Geister und niedrig schwingende Wesen müssen draußen bleiben. Ich lade ein, wer mich besuchen darf. Ihr seid nicht eingeladen. Mein Schlafzimmer ist tabu. Mein Körper ist tabu. Mein Zuhause ist tabu. Danke.

Du bestimmst, und du stellst die Regeln auf. Oftmals kann der Hauseigentümer den Spuk selbst steuern, sobald er erkennt, dass er die Macht dazu besitzt.

11

Paranormale Gruppen

Da du nun weißt, wie man einen Geist verscheuchen kann, magst du dich fragen, ob du dich einer Gruppe anschließen sollst. Die meisten Geisterjäger sind selbst heimgesucht worden. Die Arbeit auf diesem Gebiet scheint Menschen anzuziehen, die mit der Geistigen Welt in Berührung gekommen sind. Einige haben einen geliebten Menschen verloren und möchten verstehen, was nach dem Tode geschieht. Andere sind einem Geist begegnet, und manche haben in einem Haus gewohnt, in dem es spukt. Es ist durchaus verständlich, wenn man nach solchen Erfahrungen großes Interesse zeigt. Jemand, der einen Spuk besiegt hat, möchte natürlich anderen, die Ähnliches erleben, helfen.

Inzwischen gibt es überall verschiedene Gruppen. Vor nicht allzu langer Zeit war das Thema „Geister" tabu. Heute stehen viele Gruppen zur Verfügung, um die Öffentlichkeit über unsichtbare Mitbewohner aufzuklären. Diese Leute haben es sich zum Ziel gesetzt, mit den Verstorbenen zu arbeiten, und bieten ihre Dienste mitunter kostenlos an. Man bedenke die eingebrachte Zeit, die Transportkosten und die Investition für den Kauf der entsprechenden Geräte. Keine Frage, diese Menschen haben sich ihrer Arbeit verschrieben. Will man auf diesem Gebiet einer Gruppe beitreten, achte man darauf, welche die richtige für einen ist. Es gibt grundsätzlich drei verschiedene Arten:

Einige Untersuchungsgruppen konzentrieren sich allein auf die Forschungsarbeit, um mittels wissenschaftlicher Hilfsmittel den Nachweis für die Existenz von Geistern zu erbringen. Häufig besuchen sie die heimgesuchten Stätten mehrmals, um möglichst viele Nachweise zusammenzutragen. Möglicherweise haben sie bemerkt, dass es besonders lebhaft in einem Zimmer zuging, wenn sie anstelle von grünem oder rotem Licht blaue Lichter verwendeten. Sie werden das Wetter, die Feuchtigkeitsstufen und die Mondphasen im Rahmen der Untersuchung kartographisch erfassen, um bestimmte Muster zu erkennen. Man wird darauf achten, ob die eine Gruppierung von Mitarbeitern eine stärkere Reaktion auslöst als eine andere. Die objektive Herangehensweise solcher Untersuchungsgruppen trägt dazu bei, die Branche vorwärtszubringen.

Die Kommunikationsmethoden anderer Gruppen mögen hinsichtlich der Beweisführung als weniger wissenschaftlich erachtet werden. Medial veranlagte Menschen und geschulte Hellseher erfassen intuitiv das Umfeld und erkennen die Ursache für den Spuk. Zum Zwecke der Beweisführung bedient sich ein solches Team möglicherweise zusätzlich wissenschaftlicher Instrumente. Gewöhnlich treffen zuerst die medial veranlagten Mitarbeiter ein, die den Standort nicht kennen. Sie durchforsten das Anwesen auf die „Hot Spots", an denen besonders viel Aktivität herrscht, und geben ihre Eindrücke weiter. Treffen sie einen Geist, der sich auf eine Unterhaltung einlässt, werden sie diese auf Papier festhalten. Ihre Intuition liefert dem restlichen Team Anhaltspunkte für weitere Untersuchungen, wo die Kameras aufstellt werden müssen, um Beweise einzufangen und wie es die Untersuchung angehen soll. Dieses Zusammenspiel von intuitiv Erfasstem und gleichzeitigem Sammeln von Informationen mittels wissenschaftlicher Apparaturen bei der Kontaktaufnahme mit einem Geist ist äußerst spannend.

Eine dritte Form der Untersuchung befasst sich mit der Heilung des Umfelds und der Befreiung dort gefangener Geister. Einige Gruppen spezialisieren sich darauf, Geistern zu helfen, die Schwelle zu überschreiten. Ich kam in den Genuss, mit allen drei Gruppentypen zu arbeiten, fühle mich aber zu letzterer hingezogen. In meinem Alltag arbeite ich ständig mit Geistern. Meine Heilfähigkeiten erlauben es mir, sie auf die *andere Seite* zu bringen und diesseits und jenseits des Schleiers zu wirken. Ehe sie meiner Hilfe bedurften, habe ich oft die Bitte vernommen: „Kannst du mir helfen?" Ich bete, dass immer mehr Gruppen bereit sein werden, sich auf diese spezielle Arbeit mit der Geistigen Welt einzulassen, denn nur auf diese Weise helfen wir den Lebenden und den Verstorbenen in ihrer Not tatsächlich. Eine derartige Sichtweise führt zwangsläufig zu einem umfassenderen Verständnis der Geistigen Welt und einer veränderten Betrachtungsweise des Lebens.

Hilfe für die Bedrängten

In einem Haus zu wohnen, in dem es spukt, mag für manchen beängstigend sein. Als paranormaler Ermittler sollte man sehr einfühlsam vorgehen, da man im Gegensatz zu den Betroffenen bereits Erfahrungen auf diesem Gebiet gesammelt hat. Vielleicht kennen sie solche Dinge nur aus Horrorfilmen, was ihre Furcht noch verstärken mag. Man sollte sich auf ihre Bedürfnisse einstellen und ihnen die Vorgänge in einer Weise erklären, die sie verstehen. Man fasse sich kurz, da ihnen die Geistige Welt weitgehend unbekannt und die Ausrüstung weitgehend fremd sein mag. In jedem Fall darf man nicht dazu beitragen, noch mehr Angst zu schüren. Es ist wichtig, die Wahrheit zu sagen. Dies sollte in einer Form geschehen, die dem Klienten dienlich ist.

Jede neue Erfahrung im paranormalen Bereich bereichert die persönliche Erkenntnis. Dieses Wissen führt zur Weisheit. Man erwarte nicht, alles beim ersten Mal zu erkennen, oder quäle sich nicht, wenn man am Anfang einen Fehler begangen hat. Andererseits wird ein erfahrener Ermittler die Verantwortung für die gesamte Untersuchung tragen.

Wenden wir uns einigen Fehlinformationen zu, die die allgemeine Furcht vor dem Unbekannten verstärken. Es gibt nichts Schlimmeres als das Gefühl, spiritueller Hilfe zu bedürfen und sie nicht zu finden. Mit seinem Nachbarn kann man wohl kaum über solche Dinge sprechen. Eine Familie, die verzweifelt nach Hilfe sucht, wird wahrscheinlich bereits vieles unternommen haben, um einen lästigen Spuk loszuwerden, ehe sie sich an eine paranormale Beratung wendet. Heutzutage nutzen die meisten Leute das Internet. Aber wer meldet sich dort zu Wort, und welchen Hintergrund besitzen diese Leute? Gibt man bei Google ein: „Wie bringt man einen Geist auf die andere Seite?" erhält man Unmengen von Fehlinformationen. So etwas wie: „Sage ihm, er soll ins Licht gehen." Dies wurde wohl nicht von jemandem geschrieben, der in die geistige Dimension zu schauen vermag, ansonsten müsste er wissen, dass dort kein Licht ist.

Wie bereits erwähnt, hat ein Geist keinen Zugang zum Licht, weil er gefangen ist und an einem Ort weilt, wo er nicht hingehört. Liest eine von einem Geist heimgesuchte Person diese Fehlinformation, wird sie sich wahrscheinlich noch hilfloser fühlen, wenn sie sich erfolglos danach gerichtet hat. Der Spuk mag sogar eskalieren und das wehrlose Individuum schließlich zusammenbrechen und einen Priester rufen. Vielleicht eilt dieser ihm zur Hilfe, vielleicht aber auch nicht. Mir sind mehrere Leute begegnet, die tatsächlich geistigen Schutz benötigten, denen die Kirche aber jede Hilfe verweigerte, da sie keine regulären Gemeindemitglieder waren.

Das Gute an der Sache ist, dass jeder sich mit ein bisschen Übung von einem Spuk befreien kann. Es gab viele Gründe für mich, dieses Buch zu schreiben, um den Leuten zu helfen, den Geist furchtlos zu navigieren. Weiß man erst einmal, womit man sich befasst, und versteht die geistige Gesetzmäßigkeit, verliert sich die Angst.

Ein Medium kann einem paranormalen Team eine große Hilfe sein, da es den Geist auf die andere Seite leitet. Intuitiv erfasst es die Situation gleich zu Beginn und bringt sie zum Abschluss. Bisweilen ist es recht frustrierend, wenn man im Fernsehen Menschen beobachtet, die falsche Informationen verbreiten. Ein Medium, das es nicht verstand, erdgebundenen Seelen den Übergang zu ermöglichen, riet verängstigten Hausbesitzern dazu, ihr Heim zu verkaufen. In einer anderen Fernsehsendung erzählte ein Typ den Opfern eines Spuks, ein bestimmter Gegenstand in ihrem Hause sei die Ursache. Er nahm den Gegenstand und fügte ihn tatsächlich seiner persönlichen Sammlung hinzu! Ein Haus, ein Grundstück oder ein Gegenstand lassen sich einfach und zuverlässig reinigen. Ich hoffe, dass solche Sendungen allein dazu dienen, die Einschaltquoten in die Höhe zu treiben und die Beteiligten nicht wirklich auf diese Weise vorgehen.

Wurde das Heim von allen unerwünschten Energien gereinigt, ist es wichtig, sich mit der Familie zu unterhalten und die Ursache zu besprechen.

Belästigt von einem unbekannten Geist

Gibt es eine Gemeinsamkeit zwischen dir und dem Geist, mag er sich an dich heften und dir bis nach Hause folgen. Es gibt ihm das Gefühl, als weile er noch unter den Lebenden, was dir gegenüber natürlich recht unfair ist. So kann ein Maler einen Malerkollegen anziehen; oder eine Person, die gerne liest, einen Schriftsteller.

Es ist vorgekommen, dass ein unsichtbarer Gast in einem Haus herumgeisterte, in dem er niemals gelebt hat. Ein rein zufälliger Spuk mag schwierig oder unmöglich aufzudecken sein. In solchen Fällen muss man sich wohl allein auf die intuitive Person im Team und ihre Beweisführung verlassen.

Ein Geist aus der Nachbarschaft

Einmal begegneten wir in einem Haus dem Geist eines alten Mannes. Er hatte niemals dort gewohnt, wohl aber im Nachbarhaus, in dem er auch starb. Als seine Familie auszog, durchstreifte er das Haus nebenan und ließ sich dort häuslich nieder. Solche Fälle gibt es recht häufig. Hilft dir der geschichtliche Hintergrund eines Ortes nicht weiter, dehne die Suche auf die unmittelbare Umgebung aus. Als wir den alten Mann beschrieben, wussten die Hauseigentümer sofort, von wem wir sprachen. Wir erhöhten seine Schwingung und ermöglichten seinen Übergang. Er besucht das Haus immer noch, kann den Lebenden aber keine Energie mehr abziehen.

Wenn eine Familie den Geist unbeabsichtigt in ihr Heim einlud, sollte sie wissen, dass dies nach dessen Übergang nicht mehr geschehen darf. Vielleicht hat sich ein Kind nur gewünscht, mit einem Geist zu spielen. Ein einsamer Mensch kann einen Geist anziehen oder jemanden, der nach Spannung oder Drama Ausschau hält. Viele Leute, die sich im Fernsehen Sendungen über Geister anschauen, fänden es toll, einen Geist zu beherbergen, wüssten aber nichts mit ihm anzufangen, wenn er tatsächlich auftauchte. Bisweilen erscheinen sie rein zufällig, weshalb jeder lernen sollte, sein Haus zu schützen und sie auf die andere Seite zu schicken.

Untersuchungsprotokoll

Viele Leute beginnen eine Untersuchung, ohne zu wissen, wie man sie führt. Oft müssen sie stundenlang verunreinigte elektronische Stimmphänomene durchkämmen, weil andere Gruppenmitglieder geredet haben. Wenn sich jeder um dasselbe kümmern will, entsteht Unordnung. Das Resultat sind schlechte Ergebnisse. Obwohl jeder Einzelne im Team seinen Stellenwert besitzt, muss einer die Untersuchung leiten. Diese Person sollte die meiste Erfahrung auf dem Gebiet mitbringen und in besonders aufgeladenen Situationen für Stabilität im Team sorgen. Es spart Zeit und Mühe, wenn man sich daran gewöhnt, bei der Teamarbeit nach einem bestimmten Plan vorzugehen.

Jede Untersuchung gleicht einem Abenteuer und muss gut vorbereitet werden. Einer aus dem Team sollte sich darauf konzentrieren, Untersuchungsobjekte ausfindig zu machen, mit den Eigentümern zu sprechen, die Erlaubnis für eine Untersuchung einzuholen und einen Termin zu vereinbaren. Meistens handelt es sich dabei nicht um die intuitiv veranlagte Person. (Das Medium sollte vorher *keine* Kenntnis von den Geschehnissen haben.) Die Person, die den Vorgang plant, ist für das Überleben der Gruppe äußerst wichtig. Sie wirkt innerhalb des Teams als eine Art Verbindung zur Außenwelt und wickelt mögliche Medienberichterstattungen ab. Es liegt an ihr, die Gruppe zu Fällen zu führen, deren Untersuchung dem Klienten den größten Nutzen bringt und gleichzeitig Freude bereitet. Wahrscheinlich wird man eine solche Tätigkeit kostenlos übernehmen. Man sollte Freude an der Arbeit haben, ansonsten lasse man die Finger davon.

Da die Nachforschungen der historischen Daten eines Anwesens Zeit und Einsatz erfordern, überlässt man dies am besten jemandem aus der Gruppe, der sich in Bibliotheken auskennt. Die meisten Informationen sind jederzeit kostenlos erhältlich. Ich habe Glück gehabt, denn in einer öffentlichen Bibliothek konnte ich einen Mikrofilm einsehen, mit zwei Historikern sprechen und im Landratsamt Steuerunterlagen sichten. Je mehr Informationen, desto besser wird man beim Betreten des Schauplatzes vorbereitet sein.

Vor der Anreise muss die Ausrüstung gewissenhaft kontrolliert und geprüft werden, ob die Geräte vollzählig sind, einwandfrei funktionieren, vollständig aufgeladen und Ersatzbatterien eingepackt sind und ob der Memorystick für die Digitalkameras leer und einsatzbereit ist.

Sorge dafür, dass jemand außerhalb der Gruppe euer Ziel kennt und ihr erreichbar seid. Sollte irgendetwas passieren, sei es übernatürlicher oder irdischer Art, kann man eure Spur leicht verfolgen. Die meisten Untersuchungen finden nachts statt. Nicht immer ist es möglich, mit dem Handy zu telefonieren.

Sobald ihr euren Bestimmungsort erreicht habt, sprecht ein gemeinsames Gebet zu eurem Schutz. Dies dient dazu, im Laufe der Nacht etwaige Veränderungen an den einzelnen Mitgliedern festzustellen. Hat sich etwas an eine Person geheftet, wirst du den Unterschied sofort bemerken und dich darum kümmern. Man ist nicht nur des anderen Ohr und Auge, sondern beschützt sich geistig auch gegenseitig.

Es ist nicht ratsam, wenn der Klient während der Untersuchung abwesend ist. Hat euer Planer gut gearbeitet, sind die paranormalen Aktivitäten bereits festgehalten. Die intuitiv veranlagte Person führt durch das Gebäude und weist auf paranormale Aktivitäten hin. Das Team muss ihrer Führung vertrauen. Vertrauen bildet die Grundlage für eine effektive Zusammenarbeit. Jeder schützt jeden. Ein schwaches Glied kann die gesamte Gruppe zu Fall bringen. Einer aus dem Team achte auf das, was das Medium auffängt, und kennzeichne die Stelle als offensichtlichen Brennpunkt für die Untersuchung.

Die grundlegenden EMF-Messungen lassen sich bereits durchführen, während das Medium den Ort begeht. Die ersten Schritte sind auf drei Personen verteilt. Das Medium nimmt übersinnliche Eindrücke auf, der Techniker führt die Grundmessung durch und die dritte Person notiert die relevanten Aussagen.

Anschließend stelle man einen Plan für die nächtliche Untersuchung auf. Als Erstes kann man Bewegungsmelder-Kameras oder Video-Überwachungsgeräte in Position bringen. Manchmal bauen einige Teamleute eine Basisstation zur gleichzeitigen Überwachung mehrerer Computer auf, während die übrigen ihre Untersuchungen durchführen. Die verlegten Netzkabel müssen am Boden befestigt werden, damit in der Dunkelheit niemand über sie stolpert. Man lasse sie am Rand entlanglaufen, nicht mitten durch den Flur.

Die Untersuchungsbereiche sollten möglichst frei von Gegenständen gehalten werden, damit man nicht über sie fällt. Man vergewissere sich, ob Türen und Fenster geschlossen oder geöffnet sind oder sonstige Störfaktoren auftreten könnten. Es ist wichtig, nach Haustieren und Elektrogeräten Ausschau zu halten, damit die Geräusche, die von ihnen ausgehen, die elektronischen Stimmaufnahmen nicht überlagern.

Wird die Untersuchung im Dunkeln durchgeführt, ist es jetzt an der Zeit, die Lichter zu löschen. Beginne mit einem der ausgewählten Orte. Stelle dich dem Geist vor, ohne ihn zu provozieren. Betrachte ihn wie einen lieben Verwandten. Verhältst du dich ihm gegenüber respektvoll, wirst du dich eher mit ihm unterhalten und Chaos vermeiden können. Geister bedienen sich jeder Art von Energie, um zu kommunizieren, was bedeutet, dass sie auch deine Energie unter Umständen anzapfen. Wenn ein unerfahrenes Team einem Geist Drohungen und Beleidigungen entgegenschleudert oder ihn anschreit, kann er diese Energie gegen dich verwenden. Solche Untersuchungen geraten völlig außer Kontrolle und können alle in Gefahr bringen. Sie sind unverantwortlich.

Eine kurze ESP-Sitzung reicht aus, um festzustellen, ob ein Geist anwesend ist, der Kontakt aufnehmen will. Man sollte nur drei Fragen im Abstand von fünf bis zehn Sekunden stellen und genau hinhören. Gehe in der gleichen Weise an verschiedenen Stellen vor, bis der Kontakt hergestellt wurde. Einer aus dem Team mag gleichzeitig fotografieren.

Eventuelle Informationen über den Geist können als auslösendes Moment dienen. Nimmt man an, es sei der Geist eines Kindes, kann ein Spielzeug oder ein Ball die Verbindung herstellen. Man lasse den Gegenstand in einem Zimmer, das überprüft wird, liegen und markiere die Stelle auf dem Fußboden. Bewegt er sich, wird dies auf dem Video zu sehen sein, und man kann nachweisen, wie weit er sich bewegt hat. Es kann sich um einen Gegenstand aus der Zeitperiode handeln, in der die Person einst lebte, oder um einen persönlichen Gegenstand, den er liebte. Wir haben sogar uns selbst als Auslöser eingesetzt, indem wir in der entsprechenden Kleidung die jeweilige Zeitperiode nachspielten. Mit viel Phantasie kann sich eine Untersuchung äußerst bereichernd gestalten. Unternimm aber nichts, bei dem du dich unwohl fühlst.

Nach Abschluss der Untersuchungsarbeit packe man seine Ausrüstung zusammen. Erweise dem Geist respektvoll deinen Dank für die Kommunikation. Dies ist der Augenblick, den Geist über die Schwelle zu schicken. Jeder im Team sollte unaufdringlich daran teilhaben. Alle sitzen schweigend da und bauen in der Meditation ihre Energie auf. Die für den Übergang verantwortliche Person mag sich der Gruppenenergie bedienen müssen. Keiner redet oder rutscht hin und her. Sei respektvoll! Lasse den Prozess stattfinden und reinige den Ort von der verbleibenden Energie.

Erkläre dem Klienten, ab diesem Zeitpunkt nicht mehr auf eventuelle Stimmphänomene zu hören.

Aufzeichnungen

Eine Klientin hörte in der Nacht die Stimme eines dunklen Wesens durch das Schnarchen ihres Mannes reden und nahm sie auf. Sie brachte mir die Aufzeichnung. Ich hörte eine drohende tiefe Stimme sagen: „Ich mache dich fertig" und „Ich hasse dich". Mit seiner Erlaubnis behandelte ich den Mann und vertrieb das dunkle Wesen. Danach fühlte er sich friedvoll und ruhig. Er meinte, selbst das Haus sei heller geworden.

Erleichtert ging meine Klientin in die Eingangshalle und spielte die Aufnahme ihren Freundinnen vor. Jeden fröstelte es beim Klang der unheimlichen Stimme. Für einen Moment waren sie alle gefangen und hörten sich die Stimme immer und immer wieder an. Ich warnte meine Klientin und riet ihr, das Band zu vernichten. Sofort riss sie die Kassette heraus. Es war zu spät. Der Recorder begann von alleine umherzutanzen. Die Energie des Wesens hatte sich wieder festgehakt, fast als ob man es durch das wiederholte Abspielen der Kassette gerufen hätte. Wir reinigten den Recorder und sandten das Wesen erneut fort.

Energie ist real. Will man Erdgebundene befreien, muss man seine Klienten aufklären, wie man sein Heim von unerwünschter Energie freihält. Am Ende der Untersuchung mag man mit den Klienten über die nächtlichen Ereignisse sprechen, ihnen erklären, dass man die Hinweise überprüfen und sie wissen lassen wird, falls sich etwas Neues ergibt. Auf diese Weise kann man erneut Kontakt mit ihnen aufnehmen und schauen, ob sich die

Lage beruhigt hat. Gewöhnlich verstärken sich nach einer typischen Untersuchung die Aktivitäten. Wenn man jedoch einem Geist den Übergang ermöglichte und das Haus reinigte, sollte sich das Umfeld beruhigen. Sind die Hauseigentümer mit dem aufregenden Umfeld des Spuks und den Possen der Geister verknüpft, muss man mit ihnen zusammenarbeiten, um die Geister endgültig loszuwerden. Sie dürfen ihr Treiben nicht länger energetisch unterstützen und müssen lernen, einen Geist, dem sie begegnen, auf die andere Seite zu schicken. Die Leute schleppen immerzu alles Mögliche mit nach Hause. Wenn das paranormale Untersuchungsteam das Haus reinigt und die übernatürliche Aktivität erneut einsetzt, handelt es sich wahrscheinlich um völlig neue Wesen. Die Hauseigentümer müssen die Verantwortung für das, was sie in ihr Heim einlassen, übernehmen und sollten lernen, ihre Energie zu reinigen.

Es gibt natürlich auch Klienten, die wollen einen Spuk bestätigt sehen, da es dem Geschäft dienen kann. Hier wird man nur Beweise sammeln. Vielleicht möchte man aus ethischen Gründen absagen. Gleichgültig wie man die Situation betrachtet, man sollte sich in jedem Fall darüber im Klaren sein, welche Art der Untersuchung man führen will, und sich treu bleiben.

Viele Leute lieben es, gespenstische Orte zu besuchen. Geisterschlösser, verwunschene Hotels und gespenstische Schlachtfelder gibt es überall auf der Welt, die jährlich zahlreiche Besucher anziehen. Ich finde Freude daran und möchte diese Stätten anderen Menschen nur ungern vorenthalten, weil ich sie aus meiner eigenen Sicht betrachte. Tue dein Möglichstes für deine Klienten und respektiere ihre Wünsche. Gespenstische Orte belehren uns und zukünftige Generationen über ein Leben nach dem Tode und vermitteln uns sogar ein wenig Geschichte.

Wenn das Team seine Geräte zusammengepackt hat und bereit ist zu gehen, bilde man zum Abschluss einen Kreis. Auf diese

Weise kann jeder die Gruppe überprüfen, ob an niemandem etwas haften geblieben ist. Manchmal fällt es auf, dass ein Teammitglied im Laufe der Untersuchung regelrecht negativ wird. In einem solchen Fall unterbreche man seine Tätigkeit und bringe die Person außerhalb des Anwesens. Vielleicht sollte man für solche, wenn auch seltene Fällen, Weihwasser in der Ausrüstungstasche mitführen. Bleibe bei deinem Teammitglied, bis es sich wieder gefangen hat, und setze anschließend die Untersuchung fort. Die abschließende Runde oder ein Abschlussgebet bietet die Möglichkeit, jeden Einzelnen genau unter die Lupe zu nehmen, ehe das Team den Schauplatz verlässt. Stets danken wir der Geistigen Welt, mit ihr zusammenarbeiten und beweisen zu dürfen, dass ein Leben nach dem Tode existiert. Wir lassen die Geister aber wissen, dass sie uns auf keinen Fall mit nach Hause begleiten dürfen.

Vergisst man den abschließenden Kreis, kann es geschehen, dass jemand auf der Heimfahrt eine Reifenpanne hat, schläfrig wird und hinter dem Steuer eindöst, einen Autounfall baut oder später mit der Familie streitet. Einige aus der Gruppe schleifen den Spuk vielleicht mit nach Hause, der sich dann gesundheitlich und finanziell verheerend auswirken kann. Der Gemeinschaftskreis bildet eine wesentliche Stufe der paranormalen Untersuchungsarbeit.

Diese Arbeit ist lehrreich und bietet die Möglichkeit, Unbekanntes zu erforschen. Jede paranormale Untersuchung ist ein Abenteuer. Wir dürfen nicht vergessen, dass wir uns eines Tages in derselben Lage befinden mögen wie die Geister, die wir befreien wollen. Wir sollten ihnen stets respektvoll gegenübertreten und möglichst vielen beistehen, ihren Heimweg zu finden.

12

Bizarre Begegnungen mit Geistern

Mit der Geistigen Welt zusammenzuarbeiten, ist ein ehrfurchtge-
bietender Weg, der meine Lebenserfahrung in vielerlei Hinsicht
bereichert hat. Es gibt nichts, das sie uns nicht lehren könnte. In
diesem Buch habe ich viele persönliche Erlebnisse zusammenge-
tragen. Manchmal ist es einfacher, aus Büchern, Geschichten und
Erfahrungen aus dem wirklichen Leben zu lernen. Dieses Kapitel
zu lesen, wird dein Wissen und deine Fähigkeit festigen, die unsichtbaren Einflüsse, die auf uns einwirken, zu unterscheiden. Sei
offen, denn alle diese seltsamen und bizarren Begegnungen mit
Erdgebundenen entsprechen der Wahrheit.

Der verwunschene Friedhof

Als ich aufwuchs, lebte meine Familie in der Nähe eines Wald-
stücks, das etwa um 1800 von armen Farmersleuten bewohnt
wurde. Mit unseren Pferden ritten wir die Waldwege entlang,
erkundeten jeden Hügel, jede Biegung und kannten die tiefhän-
genden Zweige auf unserem Weg. Meine Stute liebte den Wald,
ausgenommen eine kleine Anhöhe, von der aus die Pfade in alle
Richtungen verliefen. Es war schier unmöglich, sie bergauf zu
führen. Ständig wich sie seitwärts aus. Sie bäumte sich auf, als
wolle sie darauf hinweisen, dass ihr der Aufstieg nicht gefiel.
Auf mein inständiges Drängen stieg sie allmählich mit wilden

Kopfbewegungen aufwärts, die Augen schreckerfüllt aufgerissen. Dieses „feurige" Pferd war höchst feinfühlig. Seine Verhaltensweise wurde uns erst verständlich, als wir oben auf der Anhöhe einen verborgenen Friedhof entdeckten.

Völlig überwuchert und vom Weg aus nicht sichtbar, standen dort drei Grabsteine aus Kalkstein. Mit dieser Entdeckung begann meine Faszination für Armenfriedhöfe, auf denen ich unzählige Stunden verbrachte, um nach Namen zu suchen. Etwa zwanzig Jahre später stellte ein Historiker aus der Stadt fest, dass auf jenem Hügel über siebzig Tote in nicht gekennzeichneten Gräbern lagen. Als Erwachsene habe ich den Ort erneut aufgesucht und Stimmphänomene, Zeichen und viele intuitive Impressionen gesammelt, von denen meine Stute die ganze Zeit über gewusst hat. Der Friedhof war verwunschen. Sie konnte die Geister auf der Anhöhe sehen.

Geister, die Lebende würgen

Als wir vor Jahren in einem von Gespenstern heimgesuchten Haus wohnten, wurde ich von einem Geist gewürgt. Es geschah kurz nachdem eine Gruppe paranormaler Ermittler bestätigt hatte, dass es in meinem Zuhause spukte. Eines Nachts wachte ich von dem Gefühl auf, nicht atmen zu können. Ich spürte etwas Schweres auf meiner Brust hocken und geisterhafte Fingerknochen meine Kehle umschließen. Ich warf die Bettdecke zurück, setzte mich im Bett auf, rang nach Luft und lief ins Bad, um mir kaltes Wasser ins Gesicht zu spritzen. Als ich wieder in mein Bett ging und endlich sprechen konnte, erzählte ich meinem Verlobten, der neben mir schlief, was geschehen war. Geistergeschichten waren für ihn damals ziemlich neu. Wenig überzeugt, versuchte er, mich zu beruhigen. Ich war weder jemals gewürgt worden noch hatte ich mich inmitten von Geistern unsicher gefühlt.

Mein Verlobter zweifelte so lange an meiner Erzählung, bis er zwei Wochen später Ähnliches erlebte. Mitten im Schlaf wachte er unvermittelt vom Würgegriff eines Geistes auf. Er war hellwach und wie gelähmt, unfähig, den Arm zu bewegen, um mich zu wecken. Der Druck auf seiner Brust nahm ihm den Atem. Erfolglos versuchte er, seine Finger und Hände zu bewegen. Schließlich ließ das Wesen von ihm ab. Nach Luft ringend, richtete er sich gewaltsam auf. Zwei Wochen später zogen wir um.

Ehe ich meinen Verlobten kennenlernte, hatten meine Tochter und ich jahrelang in diesem Haus gelebt. Vieles hatten wir in unserem Geisterhaus erlebt: Erscheinungen, Stimmphänomene, Gegenstände, die sich bewegten, Cold Spots, gespenstische Berührungen, Klopfen und Kichern vor den Fenstern. Ich hatte immer das Gefühl, die Geister schauten nach mir und meiner Tochter, weil wir die Einzigen waren, die ihnen Aufmerksamkeit schenkten. Die täglichen seltsamen Zwischenfälle machten uns Spaß. Besonders umtriebig wurden die Geister, wenn ich einen neuen Freund mit ins Haus brachte. Sie schienen sich zu bemühen, jeden Mann zu vertreiben. Ihre Reaktion auf meine Gäste amüsierte mich. Ich sah darin eine Art Prüfung und dachte, der Beste werde gewinnen.

Einige Nachforschungen ergaben, dass unser Haus auf einem alten Friedhof stand, dessen Gräber vor Baubeginn nicht verlegt worden waren. Hinzu kam, dass einige Bewohner in dem Haus gestorben waren. Zu einem bestimmten Zeitpunkt gehörte es der Kirche. Damals diente der Empfangsraum als Aufbahrungsort.

Im Laufe der Zeit schienen uns immer mehr Geister zu besuchen. Mit den Hausgeistern teilten wir gerne unser Heim. Sie hatten dort gewohnt und waren dort gestorben. Sobald die anderen auftauchten, wurde es eng, was eine dramatische Energieverschiebung zur Folge hatte. Es fühlte sich nicht mehr nach einem Zuhause an, in dem man sich sicher fühlen konnte. Damals kannte ich noch keine Methode, um die Geister über die Schwelle zu bringen. Durch Gebete versuchten wir, möglichst vielen zu helfen, ehe wir umzogen.

Unsere Nachbarn im anderen Teil der Doppelhaushälfte erlebten Erscheinungen und nächtliche Schrecken. Ein Mechaniker fühlte sich die Treppe hinuntergestoßen. Auf ihr hatte ich häufig Geister gesehen. In diesem Haus zu leben, hat mich Einiges über die Geistige Welt gelehrt. Heute noch bin ich den Geistern dankbar, die damals mit uns dort wohnten.

Die Dame mit der Perlenkette

Eines Abends wendeten wir im Freundeskreis die Wahrsage-Technik an. Zwei Personen saßen sich an einem kleinen Tisch gegenüber und blickten sich konzentriert in die Augen, während mein Mann und ich Digitalaufnahmen machten. Diese erwiesen sich als recht interessant. Aufgrund der erhöhten Energie schienen die Bilder mitunter ihre Schärfe zu verlieren. Wir hatten wohl einige ihrer Gesichter aus vergangenen Leben eingefangen, die aus ihrem physischen Gesicht hervortraten. Die eine der beiden Personen war sogar von einem völlig anderen Bild überlagert.

Das Antlitz einer jungen Frau blickte lächelnd direkt in die Kamera. Ihr dunkles Haar war aufgesteckt. Sie trug eine Perlenkette. Dieses Gesicht überlagerte nicht (wie üblicherweise in solchen Fällen) das Gesicht meiner Freundin, die mit dem Profil zur Kamera saß, sondern erschien wenig oberhalb ihres Kopfes, den Blick auf den Fotoapparat gerichtet. Später stellten wir fest, dass dies häufiger der Fall ist.

Durch gemeinsame konzentrierte Anstrengung der beiden sich in die Augen blickenden Personen verstärkt sich ihre Energie. Mithilfe dieser Technik kann man die Geister auf einer höheren Schwingungsebene als der eigenen sehen und berührt somit die

Geistige Welt. Im Laufe der Jahre haben wir auf diese Weise zahlreiche Fotos von jenseitigen Gesichtern gesammelt.

Geisterarm

Als Kinder erzählten sich meine Geschwister und ich gruselige Geistergeschichten. Die *Puppe mit den violetten Fingernägeln* gehörte zu meinen Lieblingserzählungen. Sie handelte von einer Puppe, die nachts lebendig wurde und die Familie tötete. Jeden Morgen, wenn ein anderes Familienmitglied tot aufgefunden wurde, grinste die Puppe. Als das kleine Mädchen die Boshaftigkeit ihrer Puppe entdeckte, riss es ihr Arme und Beine aus und warf sie in die Mülltonne. Aber am nächsten Morgen hatte sich die Puppe wieder selbst zusammengeflickt und kam, um das Mädchen zu holen. Diese Geschichte bereitete mir Albträume. Das Bild der verstümmelten Puppe habe ich niemals vergessen.

Eines Abends war ich Gast bei einer paranormalen Fernsehsendung. Während wir die Sendung aufnahmen, unterhielt sich meine Freundin, die mich zwecks moralischer Unterstützung begleitet hatte, hinter der Bühne mit der Belegschaft. Wir beide hatten schon viele seltsame Dinge gemeinsam erlebt.

Nach der Sendung fuhren wir zu ihr nach Hause. Ich machte es mir auf dem Sofa gemütlich und war gerade im Begriff einzuschlafen, als ich ein Klopfen an der Wand hörte. Die Hauswände waren so dick, dass es nicht von außen kommen konnte. Ich war zu müde, um aufzustehen und nachzusehen, und beschloss, mich erst am nächsten Morgen damit zu befassen. Da das Klopfen nicht aufhörte, zog ich die Decke über den Kopf und wünschte nur, in Ruhe gelassen zu werden.

Meine Freundin schlief bei geschlossener Tür im Nebenzimmer und merkte nichts von dem Klopfen und dem Bemühen des Geistes, meine Aufmerksamkeit zu gewinnen. Doch plötzlich schreckte sie etwas auf. Sie saß kerzengerade im Bett und sah einen Geisterarm in der Zimmerecke. Er war angewinkelt. Die Hand schien zu gestikulieren: „Hau ab." Sie war entsetzt. Sie hatte nicht nur einen Geisterarm in ihrem Zimmer, sondern der drohte ihr auch noch. Als sie sich dessen bewusst wurde, kam der Arm rasch auf sie zu. Er schoss durch den Raum und landete mit dem Mittelfinger direkt in ihrem Gesicht. Sie bedeckte es mit den Händen und rief im Gebet den Erzengel Michael an.

Am Morgen erzählte ich ihr von dem Klopfen, das ich gehört hatte. Sie berichtete von dem Geisterarm. Ich wunderte mich, dass sie mich nicht geweckt hatte. Rasch verband ich mich mit dem Licht und überprüfte das Haus. Ihr Gebet hatte gewirkt. Das Haus war lichterfüllt. Es gab nichts Unheimliches darin. Im Nachhinein betrachtet, erschien es lustig, denn was blieb einem Geisterarm schon anderes übrig, als zu klopfen oder zu gestikulieren?

Die Dame mit den spitzen Augenbrauen

Als mein Mann und ich in unser altes viktorianisches Haus einzogen, ersetzte er den alten Spiegel in unserem Gästebadezimmer durch einen modischen. Diesen hängte ich ab und den alten runden Spiegel wieder auf. Mit diesem Spiegel hatte es etwas Besonderes auf sich. Trotz seines Alters schien etwas Magisches von ihm auszugehen.

Meine Tochter erkannte als Erste die Besonderheit dieses Spiegels. Eines Tages wusch sie sich die Hände und betrachtete dabei ihr Spiegelbild. Aber es war nicht sie, die ihr entgegenblickte. Ohne mir etwas zu sagen, drängte sie mich, einige Minuten lang in den Spiegel zu schauen, ob ich etwas Ungewöhnliches entdecken konnte. Sie ging aus dem Zimmer, während ich mich auf mein Spiegelbild zu konzentrieren begann. Bald bemerkte ich, dass sich mein Gesicht veränderte und völlig andere Leute an dessen Stelle erschienen. Die Tapete an der Wand hinter mir fing an, sich zu drehen. Als ich das Badezimmer verblüfft verließ, erzählte mir meine Tochter von ihrem Erlebnis. Spiegel sind oft als Instrument benutzt worden, um in die Geistige Welt zu blicken. Manchmal betrachtete man sie als Tore in andere Dimensionen. Ein Gesicht, das wir beide gesehen hatten, gehörte zu einer Frau mit hellem Haar und dunkel nachgezogenen spitzen Augenbrauen.

Als meine Schwester uns besuchte, baten wir sie, in den Spiegel zu schauen und uns alles mitzuteilen, was sie sah. Sie kam sofort wieder aus dem Badezimmer heraus und erzählte uns von einer Frau mit spitzen Augenbrauen. Es überraschte uns, dass auch sie sie sehen konnte. Wir wussten nichts über diese Frau oder woher sie kam.

In jener Nacht hatte meine Schwester einen Traum, der Aufschluss darüber gab, wer diese Frau war und wie sie in unser Haus gelangt war. Offensichtlich hatte sie sich an etwas geheftet, das wir gekauft hatten, und benötigte unsere Hilfe. Ich habe stets darauf geachtet, Gegenstände, die wir in Antiquitätenläden, auf einer Auktion oder von Freunden erstanden hatten, energetisch zu reinigen, ehe ich sie ins Haus brachte.

Einige Dinge waren mir wohl entwischt, da mein Mann sie als Überraschung gekauft hatte. Als ich versuchte, mir alle infrage kommenden Dinge ins Gedächtnis zu rufen, die für eine solche Anhaftung verantwortlich sein könnten, dämmerte es mir. Mein Mann hatte von einem älteren Herrn ein Bild vom „Letzten Abendmahl" erstanden, ein Erbstück des Großvaters. Die Geschichte passte zu dem Eindruck, den meine Schwester im Traum gewonnen hatte. Ich verband mich mit dem Licht und überprüfte das Bild nach irgendwelchen Anhaftungen. Und tatsächlich, da war sie – die Dame mit den spitzen Augenbrauen!

Ich führte sie über die Schwelle. Ihr Gesicht haben wir seither niemals mehr im Spiegel gesehen.

London Blob

2010 reiste ich nach England, um am Arthur Findlay College, dem „weltweit führenden College zur Fortentwicklung des Spiritismus und der übersinnlichen Wissenschaften", Kurse zu belegen. Das College liegt außerhalb von London in einer Stadt namens Stansted. Leute aus der ganzen Welt besuchen den Unterricht, um von den besten Medien und Lehrern zu lernen. Man lernt täglich von neun bis neunzehn Uhr, nimmt die Mahlzeiten auf dem Campus ein und schläft in Mehrbettzimmern.

Da ich mein Zimmer mit zwei anderen Frauen teilte, ließ ich am Nachmittag ein Seminar ausfallen, um in dem leeren Zimmer ein Mittagsschläfchen zu halten. Nach einer Stunde schreckte mich etwas auf. Ich öffnete die Augen. Am gegenüberliegenden Zimmerende sah ich über dem Bett meiner Mitbewohnerin etwas schweben. Die dunkelgraue Blase war etwa fünfzig Zentimeter lang und glich einem mit einer dunkelgrauen gallertartigen Masse gefüllten Sack mit schwarzen Punkten. Vibrierend, als krieche sie, bewegte sie sich die Zimmerdecke entlang.

Ich richtete mich im Bett auf und blinzelte mit den Augen. Die dunkle Masse war immer noch da, wackelte quer über die Zimmerdecke und begann, die Wand hinunterzukriechen. Alles, was ich denken konnte, war, dass sie auf mich zu kam und ich sie loswerden musste. Wie eine Art Zauberer hob ich die Hand und warf, begleitet von einem machtvollen Gebet, Licht auf die dunkle Masse, die augenblicklich verschwand. Mein Herz jagte, und ich fragte mich, warum ich die Hand erhoben hatte. Solch ein Blödsinn. In dem Moment, in dem ich auf die Füße sprang, kam meine Mitbewohnerin herein.

Ich fragte sie, ob sie irgendetwas Seltsames gesehen oder gefühlt hatte, während sie in ihrem Bett schlief. Sie verneinte. Daraufhin erzählte ich ihr von meinem Erlebnis. Sie erwiderte, sie glaube nicht an irgendwelche dunkle Energien oder dunkle Geister und fügte hinzu, dass sie ansonsten Geistern wohl nicht die Erlaubnis geben würde, ihren Körper zu benutzen, während sie schlief. „Was um alles in der Welt tust du?", fragte ich entsetzt. Sie erklärte, dass sie sich selbst auf Band aufnehme, wenn sie nachts schlafe und Geistern anbiete, ihren Körper zu benutzen, falls sie durch ihn reden wollten. Ich versuchte zu verstehen, aus welcher Richtung sie kam. Ihre Sichtweise leuchtete mir nicht ein.

Ich erklärte ihr, dass eine Person, die in ihrem Leben böse gewesen sei, nach dem Tod ihre Boshaftigkeit so lange nicht ablegen würde, bis sie zu Gott ginge, um geheilt zu werden. Aufgrund unseres freien Willens könnten wir uns zu Lebzeiten und nach dem Tode von Gott abwenden. Seinen Körper zur Verfügung zu stellen, gleiche einer Verabredung mit einem Unbekannten. Nicht daran zu glauben, dass es boshafte Menschen (oder Geister) gebe, könne sehr gefährlich sein. Sie entgegnete, Spiritisten glaubten weder daran, dass Geister über die Schwelle gebracht werden müssten, noch dass es so etwas wie böse oder dunkle Energie gebe. Wir waren uns einig, nicht einig zu sein. Unsere Ansichten waren grundverschieden.

Am nächsten Tag wurde die Mitbewohnerin, die neben dem Bett mit der dunklen Masse schlief, krank. Sie litt unter schrecklicher Migräne und fühlte sich zu schwindelig, um am Unterricht teilnehmen zu können. Sie hütete fast zwei Tage lang das Bett, bis sie wieder auftauchte. Ich fragte mich, was es mit der grauen Blase auf sich und ob sie die Krankheit der Mitbewohnerin verursacht hatte. Sie schwebte unmittelbar über den beiden Betten. Hatten die beiden sie von zu Hause mitgebracht? Hatte die eine

Mitbewohnerin sie im Schlaf angezogen? Oder handelte es sich um etwas, das im Haus selbst existierte?

Das Arthur Finlay College steht angeblich auf einem Grundstück mit römischen Ruinen, die man eines Tages auszugraben hofft. Der schlossartige Stansted Herrensitz selbst blickt auf eine faszinierende Geschichte zurück. Das Gebäude wurde niedergebrannt, mehrmals wiederaufgebaut und diente den Soldaten im Zweiten Weltkrieg als Genesungsheim. Der Besuch des Arthur Findlay College glich dem Unterricht an einer lebensechten Hogwarts-Schule für Erwachsene. Obwohl ich jene dunkle Masse nicht mehr sah, wusste ich mich in Sicherheit. Ich hatte einen Grenzwall um mein Bett gezogen und den Innenraum mit Licht gefüllt.

Interessanterweise fügte das College im darauffolgenden Jahr eine Klasse für paranormale Ermittlungen hinzu, um das Thema Geister anzusprechen. Eine gute Idee! Paranormale Untersuchungen werden heute als Teil des Mediumismus akzeptiert.

Löwen Figurine

Unser paranormales Untersuchungsteam arbeitete an einem bekannten Gespensterort, als sich etwas Ungewöhnliches ereignete. Es war bereits spät abends. Wir beschlossen, die Arbeit zu beenden. Alle hasteten umher, um ihre Sachen zusammenzupacken, als wir noch eine ausgelassene Kinderstimme einfingen. Es herrschte absolute Stille, als wir der Aufnahme lauschten. Mit einem Mal tat es im Nebenzimmer einen dumpfen Schlag. Niemand war dort. Rasch lenkten wir unsere Aufmerksamkeit in das leere Zimmer, aus dem das Geräusch gekommen war, und sahen eine kleine Löwenfigur mitten im Zimmer auf dem Holzfußboden liegen. Sie hatte mit einigen anderen Figuren auf dem Beistelltisch an der hinteren Zimmerwand gestanden. Mitunter werden Geister recht aktiv, wenn die Kameras zum Schluss einer Untersuchung eingepackt werden. Sie scheinen uns nicht ziehen lassen zu wollen. In solchen Fällen erstreckt sich unsere Arbeit bis tief in die Nacht.

Kavallerie Geist

Während einer paranormalen Untersuchung stießen wir auf einen Geist, der im Bürgerkrieg gekämpft hatte. Unsere Unterhaltung wurde als ESP-Antworten auf unsere Fragen aufgenommen. Es war die bemerkenswerteste Unterhaltung zwischen der Geistigen Welt und den Lebenden, die ich jemals erlebt habe. Wir fragten, in welchem Bereich er als Soldat gedient hatte. „Artillerie", lautete die Antwort. Auf die Frage, wie lange er im Krieg gewesen sei, erwiderte er: „Zu lange. Kann mir einer von euch helfen?" Als wir ihn fragten, ob er verletzt worden war, meinte er: „Oh, mein Gott, es schmerzt hier." Auf die Frage nach seiner Besoldung antwortete er: „Ein wenig mehr als dreihundertsechsundfünfzig Dollar." Der Betrag schien mir zu hoch gegriffen. Meine späteren Nachforschungen ergaben, dass der durchschnittliche weiße Soldat dreizehn bis sechzehn Dollar im Monat erhielt. Der Bürgerkrieg dauerte ungefähr vier Jahre. Wenn der Soldat bei einem Monatssold von nur dreizehn Dollar etwas über zwei Jahre gedient hatte, stimmte der angegebene Betrag. Ich war verblüfft über die Kontaktaufnahme mit diesem Geist und gleichzeitig betrübt, dass er immer noch Schmerzen empfand.

Siedler im Grabhügel

Einige von uns wollten einen riesigen Grabhügel der Indianer untersuchen. Es ging das Gerücht um, dass einige Siedler ebenfalls dort begraben lagen. Wir gedachten, unsere Spirit Box aus-

zuprobieren, und begannen Fragen zu stellen, um herauszufinden, ob sich dieses Gerücht bestätigen ließ. Wir fragten: „Wie
viele Siedler wurden hier beerdigt?" Umgehend antwortete eine
Stimme über die Box: „Drei." Wir schauten uns ungläubig an,
verwundert über die prompte Antwort. Wir wiederholten die Frage: „Wie viele Siedler wurden hier beerdigt?" Einen Augenblick
später hörten wir laut und klar: „Drei." Einer aus der Gruppe
glaubte, besonders schlau zu sein, und stellte die Frage erneut.
Vielleicht wollte er die Genauigkeit des Gerätes oder des Geistes
überprüfen, mit dem wir offenbar sprachen. „Wie viele Siedler
wurden hier beerdigt?" Zum dritten Mal hörten wir die Antwort:
„Drei." Dreimal sprach dieselbe Stimme, nur von Mal zu Mal
lauter. Obwohl es nicht notwendig ist, eine Spirit Box Session
aufzunehmen, bestätigt sie die Wiedergabe. In diesem Fall er-
hielten wir einen wesentlichen Beweis.

Besuche von Nahestehenden aus der Geistigen Welt

Fliederbäume

Zu unserer Hochzeit fuhr mein Verlobter durch die Bergland-
schaft von Georgia. Wir hatten eine Strandzeremonie auf der In-
sel Captiva im Beisein einiger enger Freunde geplant. Während
der Fahrt dachte er an unsere Lieben, die von uns gegangen waren und die wir gerne an unserem besonderen Tag dabei gehabt
hätten. In diesem Moment fuhr er an einigen Fliederbäumen vorbei, die, obwohl für die Jahreszeit ungewöhnlich, in Blüte standen. Er erinnerte sich, dass Flieder die Lieblingsblumen meiner
Großmutter gewesen waren, und betrachtete es als ein Zeichen
von ihr. Er fotografierte sie, um mich damit zu überraschen.

Als er in Florida eintraf, erzählte er mir von den seltsamen
Fliederbäumen, die er nur auf jenem Autobahnabschnitt gesehen
habe. Er war sich sicher, dass meine Großmutter uns ein Zei-

chen geben wollte. Die Enttäuschung war groß, denn die auf den Computer übertragenen Fotos, die er gemacht hatte, waren völlig verschwommen. Ich beschloss, die Bilder in meinem Ordner für „Unerklärbares" aufzubewahren, und begann, das Abendessen vorzubereiten.

Fast sechs Monate später stöberten wir auf dem Computer alte Daten durch, auch jenen Ordner. Ich klickte das Foto an. Mein Mann und ich schrien gleichzeitig auf, als das Bild meiner kleinen Schwester, die von uns gegangen war, auf dem Bildschirm erschien. Es gab keinen Zweifel. Sie war es. Wir wussten, dass meine Großmutter und meine Schwester es aus der Geistigen Welt übermittelten. Dieses Bild war der Beweis für die Anwesenheit beider Frauen an unserem besonderen Tag.

Der Geist, der seine Gestalt ändert

Es kommt vor, dass ein trauernder Hinterbliebener glaubt, den geliebten Menschen nach dessen Tod zu sehen. Ich habe es selbst erlebt. Dieses Phänomen tritt auf, wenn der Verstorbene versucht, sich bemerkbar zu machen.

Zwei Wochen nach dem Tode meines besten Freundes luden mein Mann und ich gemeinsame Freunde zu unserer Einzugsfeier ein, auf der wir lachten und weinten. Wir bedauerten es sehr, dass der Freund unser Haus nicht mehr gesehen hatte. Aber an jenem Abend schaute er aus der Geistigen Welt herein.

Im Laufe des Abends nahmen wir verschiedene Fotos auf, die wir uns nach der Feier anschauten. Natürlich gab es Kreise und einige seltsame Lichtabweichungen, aber was unsere Aufmerksamkeit fesselte, war das leuchtende Bild im Küchenfenster. Es gab weder eine Veranda unter dem Fenster noch ein Außenlicht. Wir übertrugen das Bild auf den Computer, um es besser sehen zu können. Unser kürzlich verstorbener Freund blickte uns entgegen. Obwohl er jünger aussah, wussten wir, dass er es war. Er schaute zum Küchenfenster herein, um uns wissen zu lassen, dass er zu unserer Feier gekommen war.

Später im Jahr trafen sich einige von uns in einer Bar, die unser Freund regelmäßig besucht hatte. Mitten im Gespräch bemerkten einige von uns zur selben Zeit einen Fremden. Unsere Unterhaltung stockte. Wir starrten den Mann in der Menge an. Er glich unserem verstorbenen Freund. Wir beobachteten, wie er sich umdrehte und in seiner stolzen Haltung davonging mit seinem sommersprossigen Unterarm und der typischen Frisur – keine einfache Aufgabe für unseren Freund, denn mit seiner Frisur nahm er es immer sehr genau. Wir waren sprachlos. Der Mann ging noch wenige Schritte und nahm wieder seine normale Gestalt an. Wir schauten uns an. Die Überraschung in unseren Gesichtern bewies, dass wir alle dieselbe Veränderung beobachtet hatten.

Ich bin davon überzeugt, dass ein Geist, der gesehen werden will, das Licht einer lebenden Person nutzen kann, um sein Bild zu erleuchten. Die Person scheint sich für einen Moment in den Verstorbenen zu verwandeln, um dann wieder seine normale Gestalt anzunehmen. Seither habe ich dieses Phänomen oft beobachtet und weiß, dass es sich um eine tatsächliche Erfahrung handelt. Hast du einen lieben Menschen verloren und glaubst, ihn überall zu sehen, lasse dich nicht beirren von Leuten, die dich für verrückt halten. Du bist nicht verrückt. Er wird alles versuchen, dir zu erscheinen, damit du weißt, dass er dich nicht verlassen hat und dich niemals verlassen wird. Dies ist wahre geistige Verbundenheit.

Die Dame des Hauses
Ein Handwerker arbeitete im Obergeschoss unseres Hauses im Flur, als er sein Handwerkszeug niederlegte und nach draußen gerannt kam, um mich zu suchen. Er bat mich, eine Weile bei

ihm zu bleiben, während er arbeitete. Seine Bitte überraschte mich, und ich fragte nach dem Grund. Er erzählte mir von dem Geist einer alten Frau, die er am Treppenabsatz stehen sah und die ihn bei der Arbeit beobachtete. Er beschrieb sie mir in allen Einzelheiten, so dass ich wusste, er hatte sie tatsächlich gesehen. Intuitiv hatte ich sie bereits wahrgenommen, aber noch nicht gesehen. Sie war einer der Hauptgründe für den Kauf des Hauses gewesen.

Mein Mann hatte ein altes viktorianisches Haus gefunden, das zum Verkauf stand. Ich zögerte, es zu besichtigen, da es weiter von unserer Heimatstadt lag, als mir lieb war. Am nächsten Tag unterzog ich mich einer Regenbogentherapie-Massage. Die Therapeutin riet mir, mich während der Massage auf das zu konzentrieren, worin ich Klarheit wünschte. Mir fiel nur die Frage ein, wohin wir umziehen sollten. Ich entspannte mich und ließ das Öl und die Massage auf mich einwirken und meinen Geist öffnen. Das Bild eines blauen, weiß verkleideten Hauses, gefolgt von einem gewaltigen Licht, tauchte vor meinen inneren Augen auf.

Später rief ich mir das Bild ins Gedächtnis, das mein Mann mir von dem Haus gegeben hatte, und stellte fest, dass es die gleiche Dachführung besaß. Das Haus war jedoch nicht blau mit weißer Verkleidung, sondern hellgrün. Ich fragte mich, ob es sich um dasselbe Haus handelte, und beschloss, es persönlich zu besichtigen. Meine Tochter und ich fuhren zu dem Besitz und lugten durch die Fenster in das leerstehende Haus. Es war wunderschön und schien solide gebaut zu sein.

In jener Nacht erschien mir die Dame des Hauses im Traum. Höflich und freundlich führte sie mich durch ihr Heim. Stolz zeigte sie mir den offenen Kamin und wies mich auf die gute handwerkliche Arbeit hin. Als ich aufwachte, wusste ich, dass wir das Innere dieses Hauses ebenso lieben würden wie sein Äußeres. Es schien der Wunsch der Hausherrin zu sein, dass wir das

Haus übernahmen, denn wir passten gut hinein, und das Haus passte gut zu uns.

Am nächsten Morgen besichtigten wir das Haus und wussten sofort, dass wir es besitzen sollten. Meine Tochter und ich warteten mit meinem Schwiegervater im Keller, bis mein Mann zu uns stieß. Wir wollten das Haus gemeinsam anschauen. Einen Augenblick später hörte ich den Tritt schwerer Arbeitsschuhe über uns. Zunächst dachte ich, mein Schwiegervater hätte sich heimlich davongestohlen, aber in diesem Moment bog er um die Ecke aus einem anderen Kellerraum. Nun, in diesem Haus gab es Geister.

Als mein Mann kam, gingen wir gemeinsam durch das Haus. Auf der zweiten Etage meinte meine Tochter, jemand habe sie berührt und ihr Haar am Hinterkopf hochgehoben. Die Geister machten sich auf unterschiedliche Weise bemerkbar. Sie wollten uns dort haben. Das Hausinnere entsprach genau dem, was mir die Dame im Traum gezeigt hatte. Es war genau das Haus, um das wir gebetet hatten.

Am selben Tag machten wir ein Angebot. Ich zog weitere Erkundigungen über das Anwesen ein und stellte fest, dass es Jahre zuvor als Gästepension gedient hatte. Damals trug es einen blauen Anstrich mit weißer Verkleidung. Auf einer Touristen-Website gab es noch Fotos – eine Bestätigung meiner Vision. Wir hatten immer davon geträumt, eine Pension zu eröffnen, was die Sache für uns noch interessanter machte. Zweifellos waren wir zu unserem neuen Heim geführt worden. Unser Traum hatte die Hand ausgestreckt und zugepackt.

Wir entdeckten verschiedene Artikel über die ursprünglichen Besitzer, die jene Eigenschaften erhärteten, die ich bei der alten Dame festgestellt hatte. Sie muss eine sehr liebenswürdige Gastgeberin gewesen sein, bekannt für ihre Gastfreundschaft und Freundlichkeit. Jeder im Ort liebte sie und erinnerte sich gerne an die alte Dame. Ihrem Nachruf zufolge war sie auf dem Heimweg in einem geschlossenen Wagen verstorben und in der Eingangshalle des Hauses bis zu ihrer Beerdigung aufgebahrt worden. Sie und ihr Mann waren Eigentümer des Hotels in der Stadt, das sie auch selbst führten. Sie hatten sieben Kinder großgezogen. Drei Generationen der Familie lebten bis in die 1970er Jahre in diesem Haus.

Wir haben oft seltsame Dinge in dem Haus erlebt und nennen unsere Besucherin „die Dame des Hauses". Das Schlafzimmer am Ende des Flures scheint es ihr besonders angetan zu haben. Ständig öffnet sie Zimmertüren. Ich bin mitten in der Nacht aufgewacht, wenn sie, eine liebliche Melodie summend, im Flur vorüberging. Sie hat nicht die dichte und schwächende Energie eines Erdgebundenen, sondern scheint das Haus eher aus Liebe zu der neuen Familie zu besuchen. Jeder Besuch der Dame des Hauses begeistert uns, und wir freuen uns über ihre Anwesenheit.

Zigarren und Kölnischwasser

Nach dem Kauf des viktorianischen Hauses machten mein Mann und ich uns auf die Suche nach Bildern von der ursprünglichen Familie, um sie an die Wand zu hängen. Es gelang uns, einige Fotos bei der historischen Gesellschaft aufzutreiben und einige Vorfahren der Familie aufzuspüren. In der Weihnachtszeit besuchten uns die Ur-Ur-Großenkel der ursprünglichen Besitzer, um das Haus zu sehen, uns zu treffen und uns persönlich einige Familienfotos zu überreichen. Wir freuten uns, sie um das Haus herum zu sehen, Geschichten über das Anwesen erzählend. Bevor sie uns wieder verließen, trugen sie sich im Esszimmer in unser Gästebuch ein.

Mein Mann und ich begleiteten sie nach draußen. Als wir ins Haus zurückkehrten, roch es nach Zigarrenrauch. Der Geruch schien nur aus einer Ecke zu kommen. Er hing über dem Gästebuch. Vor dem Besuch der Familie hatte es noch niemals nach Zigarren gerochen. Auf einem unserer Lieblingsbilder des Ur-Ur-Großvaters (dem ursprünglichen Besitzer des Hauses) posierte er in seinen besten Kleidern, eine dicke Zigarre im Mund.

Seither haben wir häufiger den Geruch von Zigarrenrauch und hin und wieder den Duft von Kölnischwasser bemerkt. Beide Gerüche hängen im Umfeld unseres Gästebuches. Viele unserer Gäste haben sie ebenfalls wahrgenommen. Vielleicht kommt er ab und zu in sein Haus zurück, um nach dem Rechten zu sehen.

Hi, Mädels

Eines Nachmittags bereitete ich mit meiner Assistentin ein An-wesen zum Verkauf vor. Der Vater war gerade gestorben, und die Tochter hatte mich beauftragt, ihr zu helfen. Als ich das dritte Mal zu meinem Auto ging, um weitere Requisiten zu holen, be-merkte ich ein blankes 25-Cent Stück, das mir vorher nicht aufge-fallen war. Ich hob es auf und schaute auf das Datum – 1951. Ich konnte nichts damit anfangen, steckte es aber ein. Man konnte nie wissen. Ich hatte mich daran gewöhnt, dass zunächst seltsam erscheinende Dinge später oft einen Sinn ergaben.

Als wir im Laufe des Tages Möbel auf die Hauptetage trugen, hörten wir auf halber Treppe eine männliche Stimme rufen: „Hi, Mädels!" Verblüfft schauten wir uns an, denn außer uns war kei-ne lebende Person im Haus.

Wahrscheinlich hielt sich der Vater noch im Haus auf und be-obachtete das Geschehen. Zum Glück war er freundlich! Obwohl beunruhigt, fuhren wir mit unserer Arbeit fort. Als uns das De-korationsmaterial ausging, durchsuchten wir die Schränke. Mei-ne Assistentin fand eine Sammlung von 25-Cent Stücken und machte mich darauf aufmerksam. Ich hatte nichts von meinem Fund erzählt und fragte mich, ob der Vater uns ein Zeichen geben wollte.

Nachdem wir unseren Auftrag erledigt hatten, bedankte sich meine Klientin via E-Mail. Plötzlich ergab alles einen Sinn. Ihre E-Mail Adresse bestand aus ihrem unterstrichenen Vornamen, dem Zunamen und den Zahlen 1951 (ihrem Geburtsjahr). Das 25-Cent Stück, das ich gefunden hatte, stammte aus dem Jahre 1951. Für mich bedeutete dies, dass die Münze für meine Klientin bestimmt war. Ihr Vater wollte ihr damit zu verstehen geben, dass er in ihrer Nähe weilte.

Ich schickte ihr die Münze mit einer Erklärung des Geschehenen und dass ich mich freute, endlich zu verstehen. Der Vater hatte sich so sehr bemüht, sie zu erreichen, um ihr mitzuteilen, wie sehr er ihre Arbeit auf dem Anwesen zu schätzen wusste. Sie hatte sich mehr als alle anderen Familienmitglieder engagiert. Die Botschaft diente als Zeichen der Wertschätzung seitens des Vaters aus der Geistigen Welt.

Glühende Lungen

Eine meiner Klientinnen kam zu einer Heilbehandlung. Wie gewöhnlich überflog ich intuitiv ihren Körper und bemerkte sofort glühende Lungen neben ihr schweben. Da sie sich außerhalb ihres Körpers befanden, wusste ich, dass noch jemand anwesend sein musste. Manchmal beachte ich derartige Bilder zunächst nicht, da mich die Erfahrung gelehrt hat, dass sie erst zu einem späteren Zeitpunkt einen Sinn ergeben. Mitten in der Behandlung gab meine Klientin der Trauer über den Verlust ihres Vaters freien Lauf. Nun wusste ich, zu wem die Lungen gehörten. Auf meine Frage, ob der Vater unter Lungenproblemen gelitten hatte, erfuhr ich, dass er nicht atmen konnte und an einem Lungenemphysem starb. Nun war er gekommen, um die Heilung seiner Tochter zu unterstützen und erschien mir in einer Weise, in der wir ihn schnell erkannten. Als meine Klientin mir seinen Namen nannte, konnte ich mich direkt mit ihm in Verbindung setzen und seine

Anwesenheit bestätigen. Ich war dankbar für diese wirkungsvolle Heilbehandlung, in der der Vater mir zeigte, wie sehr er seine Tochter liebte und ihre Heilung wünschte.

Feuerwehrmann

Während einer ThetaHealing-Behandlung erkannte ich, dass ein Angehöriger des Mannes, an dem ich arbeitete, anwesend war. Während ich seine Schulter behandelte, nahm ich riesige Flammen wahr. Auf meine Frage, ob seine Schulterverletzung in irgendeiner Weise mit Feuer in Zusammenhang stehe, meinte er, er sei Feuerwehrmann gewesen. Seine Verletzung hindere ihn aber daran, diese Tätigkeit weiter auszuüben. Den Fokus verschiebend, bemerkte ich einen Geist neben ihm, der eine Vaterenergie ausstrahlte. Ich fragte meinen Patienten nach seinem Vater. Dieser lebte nicht mehr und war ebenfalls Feuerwehrmann gewesen. Auch er hatte seine Schulter verletzt – dieselbe Schulter, in der mein Klient Schmerzen verspürte. Ohne es zu wissen, übernahm er den Schmerz seines Vaters.

Wenn unsere Lieben im Geiste in unserer Nähe weilen, kann man sie häufig erfühlen oder am Geruch erkennen. Ihren Schmerz wollen wir aber nicht übernehmen und müssen sie manchmal bitten, zurückzuweichen. Ich bin Leuten begegnet, die die Krankheit eines geliebten Verstorbenen übernommen haben, um mit ihm in Verbindung zu bleiben. In unserem Fall wurde deutlich, wie sehr mein Klient seinen Vater liebte und vermisste. Ich nahm eine Heilbehandlung an ihm und dem Vater vor, um den Sohn von dem Bedürfnis zu befreien, die Schulterschmerzen seines Vaters zu tragen. Am nächsten Tag teilte mir mein Patient mit, dass er seinen Arm schmerzfrei über den Kopf heben könne. Er war überwältigt und begeistert von seiner Heilung.

Das Lächeln einer Mutter

Bei einer ThetaHealing-Behandlung sah ich den Geist der Mutter meiner Klientin. Die Mutter war einige Monate zuvor gestorben. Die Tochter bat in ihrer Trauer um Hilfe. Mitten in der Behandlung stießen wir auf einige ungelöste Probleme im Zusammenhang mit der Mutter. Während einer Behandlung schließe ich die Augen, schaue den Klienten aber an, wenn ich ihm Fragen stelle. Ich hatte gerade einige Aspekte geklärt, als ich meine Augen wieder öffnete und die Mutter mich anschaute. Ich blinzelte ein wenig, um Klarheit zu gewinnen, aber ihr Gesicht blieb über dem meiner Klientin, etwa dreißig oder vierzig Zentimeter von meinem entfernt, und lächelte mich an. Ich wusste sofort, um wen es sich handelte.

In diesem Augenblick fragte meine Klientin, ob ihre Mutter anwesend sei, und meinte, sie fühle ihre Energie und ein Kribbeln im ganzen Körper. Ich war erleichtert, die Anwesenheit der Mutter bestätigen zu können. Sie hatte an der Behandlung teilgenommen, um ebenfalls geheilt zu werden. Ihre Anwesenheit zeigte eindrucksvoll, wie die Geistige Welt arbeitet. Trotz ihres Todes nahm die Mutter lebhaften Anteil am Leben ihrer Tochter. Meine Klientin spürte eindeutig die Nähe ihrer Mutter, und ich durfte ihren Geist mit weit geöffneten Augen sehen. Beide wurden wir an jenem Tag beschenkt.

Dämonen

Vor Jahren erlebte ich einen Dämon, der in meinen schlafenden Körper sprang und fast einen Herzanfall verursachte. Wir wohnten in einem neuen Haus in einem neuen Bundesstaat. Mein Mann hielt sich auswärts auf. Meine Tochter schlief bei mir. Ihr Zimmer lag am anderen Ende des Hauses. Unsere Nachbarschaft kannte ich kaum. Wie gewöhnlich schliefen wir an jenem Abend beide ein. Mitten in der Nacht bemerkte ich jemanden oder irgendetwas in unserem Zimmer. In dem Moment, in dem ich die Schattengestalt in der Ecke entdeckte, sprang sie in meinen Körper. Mein Herz begann so wild zu pochen, wie ich es noch niemals erlebt hatte. Einen Augenblick lang glaubte ich, einen Herzanfall zu erleiden, und fragte mich, ob dies der Grund sein könnte, wenn Menschen eines plötzlichen Herztodes starben, während sie schliefen. Ich saß kerzengerade in meinem Bett, die Hände auf mein Herz gepresst. Meine Tochter wachte auf und rief: „Mama, alles in Ordnung mit dir?" Ich beruhigte sie und meinte, sie solle sich wieder hinlegen. In Gedanken forderte ich streng: „Verdammt noch mal, verlasse meinen Körper! Er ist ein Lichtgefäß. Du gehörst nicht hierher!"

Ebenso plötzlich wie das Wesen in meinen Körper eingedrungen war, verließ es ihn wieder. Mein Herz begann wieder normal zu schlagen. Ich wollte sichergehen, dass der Schatten völlig verschwunden war und nicht nur meinen Körper verlassen hatte. Was wäre, wenn er sich auf meine Tochter stürzte? Nachdem ich das Zimmer mit offenen Augen durchforscht hatte, schloss ich sie und überprüfte es intuitiv. Ich verband mich mit dem Schöpfer und bat darum, alle dunklen Wesen innerhalb und außerhalb des Hauses zu verbannen und unser Heim mit schützendem Licht zu erfüllen. Ich rief die Engel an, über uns zu wachen, während wir schliefen. Das Wesen verschwand augenblicklich. Wir waren sicher.

Feuer und Asche

Während einer Unterrichtsstunde schaute eine Schülerin in die entfernt gelegene Wohnung einer Mitschülerin. Sie nahm etwas Rotes in einem der Zimmer wahr und meinte, ein rotes Sofa entdeckt zu haben. Die nächste Kandidatin sah ebenfalls etwas

Rotes, hielt es aber für rote Wände. Dies mutete mich seltsam an, weshalb ich beschloss, selbst einen Blick in das Haus zu werfen. Mitten im Wohnzimmer hockte ein riesiger roter Dämon. Die Bewohnerin erzählte, dass sie sich um ein Familienmitglied sorge, das lauthals stritt und sich depressiv und launisch verhielt. Die Situation war eindeutig. Der Familienangehörige war zur Zielscheibe eines dunklen Wesens geworden.

Ich verband mich mit dem Licht und befahl dem Dämon, zurück in das Licht Gottes zu gehen. Ich beobachtete, wie er augenblicklich in Flammen ausbrach. Ich war überrascht, denn gewöhnlich entschwinden Dämonen als dunkle Energie. Mitunter zeigen sie sich als Kreaturen mit furchteinflößenden Gesichtern. Zum ersten Mal beobachtete ich, wie ein Dämon aufloderte und zu Asche verbrannte, die dann ins Licht entschwand. Später erfuhr ich von der Schülerin, dass sich bei ihrer Rückkehr das Haus sehr viel angenehmer anfühlte und sich die Verhaltensweise jenes Familienmitglieds gebessert hatte.

Affenmann

Als das Flugzeug von Las Vegas abhob, kuschelte ich mich in meinen Sitz, um ein wenig zu schlafen. Plötzlich bemerkte ich einen affenartigen Dämon vom vorderen Ende des Flugzeugs auf mich zu rennen und sein Gesicht an meines drängen. Er neigte seinen Kopf, als wolle er feststellen, wer ich war und ob ich ihn sehen konnte. Ich öffnete die Augen, schaute mich um und fragte mich, wer dieses Tier mit hereingeschleppt hatte. Was könnte es anrichten? Besaß es die Kraft, die Navigationsgeräte im Cockpit zu beeinflussen? Ich wusste es nicht. Ich wusste nur, dass ich diese Kreatur loswerden musste, um Ruhe zu finden. Ich schloss die Augen, verband mich mit dem Schöpfer und bat darum, sie zu Gott zurückzuschicken und in Licht und Liebe umzuwandeln. Binnen einer Sekunde war die Kreatur verschwunden. Ich überprüfte das Flugzeug. Alles war in Ordnung. Dann schlief ich ein.

Ein an zwei Orten auftauchender Dämon

Eine Freundin rief mich an und erzählte mir von einem Bekannten, der von einem Dämon verfolgt wurde. In der Überzeugung, dass sie ihn vertreiben könne, führte ich sie durch den Reinigungsprozess. Wenige Minuten später rief sie erneut an. Sie klang verunsichert. Sie hatte aus der Entfernung den Dämon beseitigt und fühlte augenblicklich die Kreatur neben sich stehen. Sie hörte heimtückisches schweres Atmen und Keuchen. Rasch stellte ich eine Verbindung her und sah eine riesige rote Kreatur mit glühenden Augen, die von einem Ort zum anderen gesprungen war. Unverzüglich gebot ich, sie zurück zu Gott zu schicken. Sie verschwand augenblicklich. Meine Freundin war erleichtert, dieses Wesen für immer losgeworden zu sein. Als wir den Vorgang rekapitulierten, erkannte sie, dass sie vergessen hatte, sich nach dem Reinigungsprozess selbst zu reinigen. Dunkle Wesen versuchen manchmal, sich vor dem Licht davonzuschleichen, wenn man nicht die Tür hinter ihnen zuschlägt, sobald sie das Licht erreicht haben. Anschließend muss man seine eigene Energie reinigen. Dazu reibt man die Handflächen aneinander und schiebt die fremde Energie mit der einen Hand fort, während man mit der anderen Hand die eigene Energie hereinzieht (siehe Kap. 13). Man kann sich auch vorstellen, seine Energie mit einem unsichtbaren Messer abzutrennen, oder man fährt mit der Hand über seinen Körper und seinen Kopf.

Portale und mehrere Wesen

Ich erhielt den Anruf von einer ortsansässigen Untersuchungsgruppe, die mit einer älteren Frau arbeitete. Diese hatte seit vielen

Jahren in ihrem Haus gewohnt, als sie plötzlich Dinge zu sehen begann. Es störte sie nicht, liebe Verstorbene zu sehen, wohl aber einige dunkle Wesen. Rote Augen starrten sie aus den Bildern an der Wand an, und Gegenstände machten sich selbstständig.

Einer aus dem Team bekam beim Eintritt in das Haus Kopfschmerzen und wusste sofort, dass im Umfeld etwas nicht stimmte. Man stellte starke elektromagnetische Felder fest. Hohe elektromagnetische Frequenzen können paranormale Erscheinungen hervorrufen, da sie Geistern dazu dienen, ihre Energie aufzuladen. Die Kopfschmerzen der Klientin konnten ebenfalls auf diese Felder zurückzuführen sein. Einer aus der Gruppe, der aus eigener Erfahrung mit übermäßig hohen Messwerten vertraut war, hatte ein Instrument entwickelt, um das Problem zu lösen.

Die Veränderung im Haus war deutlich spürbar. Die Werte lagen etwas oberhalb der Norm, aber immer noch im sicheren Bereich. Die Kopfschmerzen der Klientin verschwanden umgehend. Die Gruppe besuchte das Haus mehrmals. Als die Frau Wesen zu sehen begann, zog man mich hinzu.

Viele Ermittler fürchten sich vor dunklen Gestalten. Obwohl es zutrifft, dass sich solche Kreaturen an einen heften können und man sie mit nach Hause schleppt, wirkt Angst wie ein Magnet. Man zieht sie an und gibt ihnen Kraft.

Die Klientin fürchtete sich beim Anblick einer Kreatur, die halb Mensch, halb Affe war. Diese Art von Wesen war mir bereits früher begegnet. Ich wusste, dass sie sehr rasch auf den Reinigungsprozess reagierten. Das engagierte Untersuchungsteam war mir bekannt, und ich wollte ihm zeigen, wie man ein Haus von dunklen Wesen befreit, ohne sich zu ängstigen. Meine Erfahrung hat mich gelehrt, dass sich dies ebenso einfach gestaltet wie die Vertreibung eines Geistes oder die Durchführung einer Heilbehandlung.

Wir beschlossen, nach einem Plan vorzugehen. Zunächst machte ich einen Rundgang, um mich mit dem Umfeld vertraut zu machen und anschließend auf das Team zu stoßen, das den Ort bereits kannte. Die meisten Gruppenmitglieder besaßen persönliche Erfahrungen mit Erscheinungen und ungewöhnlichen Vorkommnissen. Wir besprachen unsere Entdeckungen und stimmten darin überein, dass es mehrere offene Portale gab, die entkörperten Wesen Eintritt gewährten.

Wir bildeten einen Kreis und hielten uns bei den Händen. Ich führte die Gruppe auf die Ebene der Theta-Gehirnwelle, um sich dort mit ihr zu verbinden, und äußerte den Wunsch, die Portale zu sehen, die sich für die Klientin als ungünstig oder möglicherweise gefährlich erwiesen und geschlossen werden mussten. Einen Augenblick später vermochten alle, diese Portale zu sehen. Wir verbanden uns mit dem Licht. Ich gebot, alle Portale zu schließen. Fast augenblicklich öffneten alle die Augen, um mir mitzuteilen, dass sie den Vorgang beobachtet hatten. Die Tore waren geschlossen. Auf unserem Rundgang spürten wir, dass sich die unangenehme Schwingung im Haus neutralisiert hatte.

Wir brannten Räucherwerk ab, zündeten eine Kerze an, hielten uns bei den Händen und bildeten erneut einen Kreis. Diesmal befahl ich allen niedrig schwingenden Energien, Geistern und Kreaturen augenblicklich ins Licht zu gehen. Arbeitet man mit einer Gruppe zusammen, muss einer den Befehl geben. Wer diese Person ist, spielt keine Rolle. Wir waren mit dem Licht verbunden und beobachteten viele Wesen, wie sie das Haus verließen. Anschließend heilten wir die Seelen derjenigen Angehörigen, die der alten Frau vorausgegangen waren. Wir wollten sicherstellen, dass sie nicht länger erdgebunden blieben und bei weiteren Besuchen der alten Frau nicht schaden konnten. Ich fragte innerlich nach dem Namen eines Angehörigen, der beim Namen genannt werden musste, um das Haus zu verlassen. Er verschwand rasch. Zum Schluss nahm ich eine Heilbehandlung an der Klientin selbst vor. Als ich gebot, dass alle Anhaftungen von ihr abfallen sollten, beobachtete ich ein dunkles Schattenbild entweichen und zum Licht streben. Anschließend holte ich das Licht und die bedingungslose Liebe des Schöpfers herab, um die Klientin zu heilen.

Im Gespräch erfuhr ich, dass sie vor mehreren Jahren, nachdem sie sich von einer Operation erholt hatte, ungewöhnliche Dinge zu sehen begann. Sie wachte auf und sah irgendwelche Wesen, erzählte sie mir. Dies ist nichts Ungewöhnliches. Hellsichtigkeit kann bei manchen Menschen durch eine Verletzung, eine unerwartete Lebensveränderung oder eine Operation ausgelöst werden. Ich erklärte ihr, dass sie auch weiterhin *sehen* werde, da sie diese Gabe besaß. Sie sah Geistwesen beim Einkaufen oder im Haus ihrer Familie, wenn sie diese besuchte. Unsere Aufgabe bestand darin, ihr zu versichern, dass dies völlig in Ordnung sei und sie sich von allem Unerwünschten befreien könne. Mithilfe des Lichtkreises schufen wir ein einseitig ausgerichtetes Lichtportal, das alles zum Schöpfer zurückkehren ließ. Uns mit der Theta-Gehirnwelle verbindend, gaben wir den Befehl und ließen das Lichtportal hinaus in den Hof gleiten. Wir rieten unserer Klientin, alles, was sie als unangenehm empfinde, in das Licht zu beordern. Auf diese Weise werde es für immer entschwinden.

Wir zogen die Vorhänge zur Seite und öffneten die Fenster, um auf physischer Ebene die Reinigung abzuschließen, was sich gut und harmonisch anfühlte.

Ich bin davon überzeugt, dass immer mehr Menschen spirituelle Erfahrungen aller Art machen werden. Wir stehen erst am Anfang, die zahllosen geistigen Dimensionen und Wesen, die es gibt, zu begreifen. Es ist sehr wichtig, sich nicht zu fürchten, sich aber mithilfe wirkungsvoller Methoden zu wappnen. Vielleicht müssen überall auf der Welt Lichtportale (in eine Richtung) geöffnet werden, um ein Gleichgewicht aufrechtzuerhalten.

13

Schutz

Sich zu schützen, während man mit Geistern und übernatürlichen Wesen arbeitet, ist äußerst wichtig. Wie man sich schützt, hängt von der eigenen geistigen Entwicklung ab. Manche Leute ziehen mehr körperlose Wesen an als andere. Eine solche Person bezeichnet man oft als „Geistermagnet", was nicht heißt, dass irgendetwas nicht mit ihr stimmt. Es bedeutet nur, dass sich diese Leute energetisch lösen und stärker schützen müssen. Hat man sich daran gewöhnt, seine Schwingung zu erhöhen, und fühlt sich beim Überführen von Geistern sicher, werden sie weniger aufdringlich sein. Verfange dich nicht in deinem Ego. Es ist, wie es ist. Nur du allein wirst wissen, ob du wachsamer als andere sein musst. Akzeptiere, wie du bist. Dann wird es leicht sein, deine spirituelle Entwicklungsstufe festzustellen.

Bist du ein Neuling auf diesem Gebiet oder unbedacht geworden, wäre es angebracht, einige Schutzmaßnahmen anzusprechen. Ruft man dich in ein unbekanntes Haus, wird dir die Energie, die dich erwartet, fremd sein. Sei also vorbereitet. Das heißt, sei in deiner Mitte und habe einen klaren Kopf, ehe du das Haus betrittst. Mittels Gebet oder Meditation solltest du deine persönliche Schwingung erhöhen. Mit den anderen Mitgliedern der Untersuchungsgruppe einen Schutzkreis zu bilden, hat sich ebenfalls als sehr wirkungsvoll erwiesen.

Ich persönlich rufe am liebsten den Erzengel Michael an, ein

Gebet, das auch andere Ermittler gerne übernehmen. Es spielt keine Rolle, welcher Religion man angehört. Der Erzengel Michael erhört jeden. Ein feinfühlender Mensch wird seine Energie sehen oder fühlen. Jeder in der Untersuchungsgruppe sollte das Gebet auswendig können oder auf einer Karte bei sich tragen. Es spielt keine Rolle, ob man an den Himmel und an die Hölle glaubt, wie sie von den Religionen gelehrt werden. Dieses Gebet ist äußerst machtvoll.

Gebet an den Erzengel Michael

Heiliger Erzengel Michael,
beschütze uns im Kampf;
sei unser Schutz gegen die Bosheiten und Fallstricke des Teufels.
Möge Gott ihn zurechtweisen, bitten wir demütig.
Du, Prinz der himmlischen Scharen,
durch die Macht Gottes verbanne Satan und alle bösen Geister,
die durch die Welt streifen und die Seelen zu zerstören suchen,
in die Hölle.
Amen.

Sankt Benedikt Medaille

Eine andere Möglichkeit, um sich zu schützen, besteht darin, etwas zu tragen, das eine persönliche Schutzwirkung besitzt. Für einige mag dies ein Kreuz oder eine wundertätige Medaille sein. Wird jemand tatsächlich „angegriffen", hat sich die Sankt Benedikt Medaille am besten bewährt, auch wenn man nicht katholisch ist. Vor dem Tragen sollte sie gesegnet werden. Der Überlieferung nach besaß sie die größte Kraft, wenn dies durch einen Benediktinerpater geschah. Heute darf jeder Priester sie weihen, um ihre Wirksamkeit zu entfalten.

Worin liegt die Kraft dieses Amuletts? Die Medaille ist mit einem Gebet beschriftet, das vor dämonischen und negativen Kräften schützt. Auf der Rückseite erhebt sich das Kreuz. Die Querbalken tragen die lateinischen Initialen CSSML NDSMD, *Crux sacra sit mihi lux! Nunquam draco sit mihi dux!* (Möge das heilige Kreuz mein Licht sein! Möge der Drachen niemals mein Führer sein!) Über dem Kreuz steht das lateinische Wort *pax*, „Friede" – der Jahrhunderte alte Wahlspruch der Benediktiner. Um den äußeren Rand der Medaille stehen die Initialen VRSNS-MV SMQLIVB, die für das Gebet der Teufelsaustreibung stehen: *Vade retro Satana! Nunquam suade mihi vana. Sunt mala quae libas. Ipse venena bibas!* (Fort mit dir, Satan! Versuche mich niemals mit deiner Selbstgefälligkeit. Was du mir anbietest, ist böse. Trinke du selbst das Gift!)

Manche werden niemals Wesen begegnen, um dieses Gebet sprechen zu müssen – und das ist gut so. Andere hingegen werden von viel dunkleren Kräften herausgefordert werden. Aus diesem Grunde ist es wichtig zu wissen, auf welche Weise man sie bezwingt.

Persönliches Amulett

Man mag auch ein persönliches Amulett tragen, um sich zu schützen. Dies kann ein einfacher Stein oder der Trauring der Großmutter sein. Es wird erst dann Bedeutung gewinnen, wenn du es mit der von dir gewünschten Energie durchtränkst. Nehmen wir einen einfachen Gegenstand, etwa eine Fünf-Cent-Münze. Um als Schutz wirken zu können, muss sie zuerst gesegnet werden. Du kannst den Segen selbst aussprechen oder jemanden damit beauftragen, dem du vertraust. Man betet oder meditiert über die Münze mit der Absicht, ihr schützende Eigenschaften zu verleihen. Zudem sollte man dafür sorgen, dass sie negative Wesen oder schädliche Energien abzuwehren vermag.

Wenn ich bisweilen ein neues Schutzamulett schaffe, tauche ich es in Weihwasser oder in den Duft von Räucherwerk, das sorgsam ausgewählt werden muss. Man meide künstliche Aromen. Am besten haben sich Weihrauch und Myrrhe bewährt. Nag Champa (Indien) erfüllt die gleichen Dienste. Den Gegenstand in der Hand haltend, konzentriere dich darauf, seine Schwingung zu erhöhen und ihn mit Schutzeigenschaften zu besiegeln. Man kann seinen Schutzengel oder geistigen Führer um Unterstützung bitten. Sobald man mit einem Gegenstand in dieser Weise gearbeitet hat, wird er die infundierte Energie bewahren. Selbst ein einfaches 5-Cent-Stück erfüllt seine Aufgabe.

Weihwasser

Weihwasser setzt man sowohl zum Schutz gegen negative Energien als auch zur Reinigung von Menschen und Häusern ein, die von Geistern heimgesucht werden. Ich persönlich benutze es bei Reinigungsritualen gewöhnlich in Kombination mit Meersalz. Es genügt, wenn man es mit den Fingern auf die Wände, die Zimmerdecke und den Fußboden spritzt, während man betet oder seine Absicht zum Ausdruck bringt. Vorteilhaft ist, wenn dabei eine rein weiße Kerze brennt. Wie bereits erwähnt, kann man das Weihwasser auch dem Badewasser hinzufügen.

Zum Zwecke der Reinigung und des Schutzes kann man das Wasser auch selbst weihen. Die wissenschaftlichen Untersuchungen von Dr. Masaru Emoto haben ergeben, dass Wasser der jeweiligen Intention entsprechend aufgeladen werden kann. In seinem Buch *Das geheime Leben des Wassers* legt er dar, dass Gefühle und Worte die Wasserstruktur verändern können. Will man sein Wasser selbst weihen, folge man diesen einfachen Schritten:

1. Fülle ein Gefäß mit Wasser und decke es ab.
2. Schreibe auf das Gefäß, was das Wasser verkörpern soll, wie „Schutz", „Heilung", „Reinigung", „Liebe" und dergleichen. Es liegt an dir, welche Worte du wählst.
3. Stelle das Gefäß über Nacht in das Gefrierfach. Sobald das Wasser gefriert, verändert sich die Struktur der Wasserkristalle.
4. Nimm das Wasser aus dem Gefrierfach und lasse es auf natürliche Weise auftauen.
5. Jetzt kann man das Wasser verwenden.

Man kann auch über einem mit Wasser gefüllten Gefäß beten, Räucherwerk abbrennen oder es mit machtvollen Kristallen oder Amuletten, von denen man glaubt, dass sie sich positiv auf das Wasser auswirken, umlegen. Du kannst meditieren und die Schwingung des Wassers erhöhen, um reinigende und schützende Eigenschaften zu festigen. Manchmal ist es vorteilhaft, das Wasser eine Woche lang täglich aufzuladen, um seine Wirksamkeit zu erhöhen.

Meersalz

Meersalz scheint dunkle Energien abzuwehren und wird häufig als Schutzmittel eingesetzt. Wurde der Bereich gereinigt, die Geister über die Schwelle geschickt und sichergestellt, dass keine dunklen Energien hängengeblieben sind, kann man Meersalz verwenden, um den Raum vor einem neuerlichen Befall zu bewahren. Ein wenig davon vor den Türen, über den Fenstern und den Eingangstüren angebracht, verhindert das Eindringen von unerwünschten Energien.

In Meersalzwasser zu baden, wirkt reinigend und heilend zugleich. Fühlt man sich von dunklen Energien umgeben, nehme man ein ausgiebiges Bad. Manche Leute sind empfänglicher für Anhaftungen als andere und müssen sich regelmäßig reinigen. Im Meerwasser zu baden, zeigt denselben Effekt. Man sollte vollständig eintauchen, wenn man eine besonders starke Anhaftung loswerden will.

Salbei

Mithilfe von Salbei kann man seine Wohnung, eine Person, einen Landstrich, ein Gefährt oder einen Gegenstand reinigen. Salbei eignet sich besonders, um Restenergien auszuräumen und negative Gebilde zu vertreiben, die durch menschliche Emotionen, wie etwa Ärger, geschaffen wurden. Mit dieser Pflanze kann man keine Geister über die Schwelle schicken oder Dämonen vertreiben, wohl aber die Schwingung heben und deren Zugriff schwächen und dadurch ihre Freisetzung mittels anderer Methoden erleichtern. Ich persönlich verwende am liebsten kleine Bündel von getrocknetem weißen Salbei. Brenne ich ihn ab, halte ich ihn über einer Schale, um die Asche aufzufangen. Ich achte darauf, dass jeder Winkel, einschließlich der Schränke, ausgeräuchert wird.

Während sich der Rauch ausbreitet, spreche man ein Gebet oder bringe seine Intention zum Ausdruck. Ich persönlich bevorzuge ein laut gesprochenes Gebet, um das Umfeld mit der Schwingung der heiligen Worte zu erfüllen. Jedes Gebet erfüllt seinen Zweck. Achte darauf, um Schutz und Licht zu bitten, und lasse die alten, dunklen, negativen oder niedrig schwingenden Energien entweichen, während sich dein Heim mit heller, friedvoller, liebevoller und froher Energie anfüllt.

Nach deinem Rundgang durch das Haus (einschließlich Garage) öffne zur guten Durchlüftung die Fenster und schalte das Licht ein. Falls vorhanden, drehe den Deckenventilator für wenige Minuten auf, um den Rauch und die Übergangsenergie hinauszutreiben. Du wirst einen gewaltigen Unterschied spüren. Vor vielen Jahren beobachtete ich bei der Reinigung eines Hauses schwarze Schatten an den Wänden wirbeln, die versuchten, Abstand von mir zu gewinnen. Ich gab meiner Furcht nicht nach und fuhr mit dem Reinigungsprozess fort, nach dessen Abschluss jene Energien für immer das Weite gesucht hatten. Ist ein Haus erst einmal gereinigt, liegt es an der Familie, diesen Zustand aufrechtzuerhalten.

Kristalle

Manche Menschen fühlen sich zu Kristallen oder Steinen mit schützenden Eigenschaften hingezogen, besonders im Umgang mit negativen Energien. Die folgenden Steine erhöhen die eigene Schwingung.

Tektit

Der Tektit hebt die persönliche Schwingung und wird als Schutz gegen negative Gedankenformen, Geister und andere Wesen eingesetzt.

Moldavit

Der Moldavit ist ein sehr hoch schwingender Stein und mein persönlicher Favorit. Er gehört zu den Tektiten und soll einem Meteoriten in Tschechien entstammen. Er unterstützt die rasche persönliche Transformation und bietet jenen Schutz, die seiner bedürfen. Wenn du glaubst, er passe zu dir, halte den Stein in der linken Hand und versuche, seine Schwingung zu fühlen.

Schwarzer Obsidian

Dieser Stein reinigt die Aura und besitzt stark schützende Eigenschaften. Er unterstützt die Loslösung von negativen Mustern und die Beseitigung von negativen Energieanhaftungen.

Amethyst
Die hohe Amethyst-Schwingung bietet geistigen Schutz und Läuterung.

Rauchquarz
Der Rauchquarz gehört zu den führenden Steinen, die erden und verankern und stark beschützend wirken.

Schwarzer Turmalin
Der schwarze Turmalin schützt vor jeglichen negativen Energien und wirkt stark erdend. Er soll einer der besten Schutzsteine sein.

Herkimer Diamant
Der Herkimer Diamant wird gewöhnlich nicht mit beschützenden Eigenschaften in Zusammenhang gebracht, besitzt aber eine starke Kraft, um die Schwingung eines Menschen zu heben. Er beflügelt das innere Schauen und die Klarheit der Intuition und lenkt negative Energie von willensschwachen Menschen ab.

Vor Jahren schenkte man mir einen Herkimer Diamanten, den ich in der Nacht unter mein Kopfkissen legen sollte. Im Laufe der Zeit hatte ich viele Steine benutzt, aber noch niemals eine solche Wirkung erlebt, wie sie mir dieser winzige Stein bot. In der ersten Nacht konnte ich kaum schlafen, da in meinem Kopf unzählige Lichter tanzten. In den folgenden Wochen gewöhnte sich mein Körper an die extrem hohe Schwingung des Steines.

Nach einigen Wochen schien der Stein seine Wirkung verloren zu haben. Aus irgendeinem Grunde hatten die Lichtblitze aufgehört. Ich konnte das Pulsieren des Steines in meiner Hand kaum noch spüren. Als ich meiner Freundin davon berichtete, kicherte sie und meinte, meine Schwingung hätte sich der Schwingung des Steines angepasst. Er war keineswegs gebrochen und hatte wunderbare Arbeit geleistet. Diesen Meditationsstein kann man vor oder während einer Untersuchung benutzen.

Jeden dieser Steine kann man in die Tasche stecken oder um den Hals tragen oder einen oder mehrere in einem kleinen Beutel unter sein Kopfkissen legen. Achte darauf, sie vor Beginn einer Untersuchung zu reinigen, damit sie einsatzfähig bleiben. Steine, besonders Schutzsteine, sind nicht immun gegen Anhaftungen. Sie absorbieren negative Energie, um die Person, die sie trägt, zu schützen.

Energietrennung

Eine Möglichkeit, seine Energie zu reinigen, besteht in einer einfachen Energietrennung. Man löst dadurch seine eigene Energie von allem und jedem, mit dem man in Berührung gekommen ist. Auf diese Weise kann man sogar seine Energie von einer Person trennen, die einen auszulaugen scheint. Vor und während des Kontakts mit einem Geist stehen die Schutzmaßnahmen. Die Energietrennung folgt abschließend.

Diese Methode dient dazu, seine Energie zu bewahren, damit sich nichts anheften kann. Reibe die Handflächen gegeneinander. Mit angewinkelten Armen strecke die linke Hand vor dir aus, um die unerwünschte Energie zurückzustoßen, während du die rechte Hand an deinen Körper führst, um deine eigene Energie einzusammeln.

Du magst ebenso eine andere Methode anwenden. Wichtig ist die Intention, eine Energietrennung zu schaffen. Man kann sich vorstellen, seine Energie mit einem unsichtbaren Messer abzutrennen oder mit der Hand über seinen Körper und den Kopf zu fahren. Stellst du fest, dass du lange nach der Unterhaltung über die Situation einer Person nachdenkst, hast du etwas von deren Problemen übernommen. Nach einer Energietrennung wird sich dein Geist davon lösen.

ThetaHealing

Mithilfe dieser Heilmethode kann man nicht nur andere, sondern auch sich selbst vor negativen Energieanhaftungen schützen. Physische Schutzmaßnahmen erübrigen sich dann. Räumt man genügend Überzeugungen aus (von denen die meisten oft aus uralter Zeit stammen), wird der Körper auf natürliche Weise eine sehr hohe Schwingungsebene aufrechterhalten und übersinnlichen Attacken und Anhaftungen gegenüber unempfindlich werden. Sobald man Glaubensvorstellungen und unterbewusste Programme, die einen zur Zielscheibe für niedrige Schwingungen machen, beseitigt hat, kann man sich neu programmieren. Niedrige Schwingungen, die versuchen, sich an einen zu heften, werden augenblicklich ins Licht geschickt. In gewisser Weise schafft man eine anhaltende Lichtquelle um seinen physischen Körper und muss nicht jedes Wesen einzeln ansprechen. Im Laufe seiner spirituellen Entwicklung wird man eines Tages unter anderem feststellen, dass man sich nicht mehr schützen oder mit Licht umgeben muss, *weil man das Licht ist.* Wir sind alle jederzeit mit dem göttlichen Licht verbunden, bis wir uns aufgrund unseres freien Willens von ihm abwenden. Sobald wir die physische Ebene meistern und verstehen, wie alle diese Hilfsmittel und Techniken arbeiten, können wir voranschreiten und auf sie verzichten.

Akzeptiere, wo du stehst. Es geht nicht um ein Wettrennen. Es wäre verantwortungslos und gefährlich, wolltest du ungeschützt vorpreschen, ohne die einzelnen spirituellen Entwicklungsstufen genommen zu haben. Du bist auf dem Weg. Gehst du ihn, wird alles einfacher zu meistern sein.

Schlussbemerkung

Manche Menschen sehen Geister von Kindheit an. Einige behalten diese Fähigkeit bei, während die meisten sie mit der Zeit verlieren. Andere öffnen sich spontan in mittlerem Alter, vielleicht auch durch ein ihr Leben veränderndes Ereignis oder eine Nahtod-Erfahrung. Manche erfahren die Geistige Welt erst in den letzten Augenblicken ihres Lebens. Eines aber ist sicher, wir sind umgeben von der Geistigen Welt. Sie gehört zu unserem irdischen Dasein.

Hat man diese Welt noch nicht selbst erfahren, beginne man mit seiner eigenen Heilung. Oft ziehen uns unsere begrenzten Ansichten, unsere Ängste und unsere Urteile so tief hinunter, dass wir die höher schwingenden Ebenen nicht eher zu erreichen vermögen, als bis wir genesen. Ich habe zahlreiche Menschen gekannt, die mit der Heilung ihres eigenen Lebens begannen und schließlich übersinnliche und mediale Fähigkeiten entwickelten. Diese Fähigkeiten hatten sie ursprünglich nicht angestrebt. Sie waren das natürliche Resultat ihres Entwicklungsprozesses.

Als ich mich auf meine spirituelle Reise begab, waren mir bereits zahlreiche Fähigkeiten gegeben. Ich fühlte mich berufen, andere Menschen bei ihrer Heilarbeit zu unterstützen, und wusste, dass ich mich zu diesem Zweck zuerst selbst heilen musste. Ich musste meinen Groll, meine Feindseligkeiten, meinen Ärger und meine selbstbegrenzenden Gedanken loswerden und in mein Unterbewusstsein eintauchen, um herauszufinden, welche Emotionen mich vergifteten und welche Probleme mich zurückhielten.

Mein Leben musste von altem Ballast befreit werden, um Zugang zu mehr Licht und Heilenergie zu gewinnen. Die Suche nach Heilung begann bereits in meiner Jugend, aber die ThetaHealing-Technik beschleunigte meinen Werdegang erheblich. Neben meiner eigenen Heilung gelang es mir schließlich, willentlich Zugang zur Geistigen Welt zu finden. Endlich konnte ich meine Gaben und Fähigkeiten einsetzen, um anderen Menschen zu helfen und meine Lebensaufgabe zu erfüllen.

Diese Fähigkeiten kann ich bei paranormalen Untersuchungen einsetzen, weil ich Geister entdecken und Informationen von ihnen erhalten kann. Geister über die Schwelle zu bringen, geht mir einfach von der Hand, ebenso die Vertreibung von dunklen Wesen. Ich kann mich mit Geistern unterhalten, das Umfeld erfassen und Informationen über den geschichtlichen Hintergrund eines Ortes in Erfahrung bringen.

Schamanen, Mystiker und buddhistische Mönche vermögen die Theta-Gehirnwelle durch demütiges Gebet, Fasten und Meditation erreichen. Die meisten von uns leben nicht an einem abgeschiedenen Ort oder geben sich einem Leben im Gebet hin, was durchaus in Ordnung ist. Wir können dennoch unser Gehirn trainieren, sich einer langsameren Gehirnwelle zu bedienen, um Zugang zu derselben Bewusstheitsstufe zu gewinnen. Manche mögen dieses Buch lesen, die Theta-Gehirnwelle augenblicklich erreichen, die Befehle wiedergeben und die Geister auf die andere Seite gehen sehen. Einige mögen von einem erfahrenen Lehrer lernen wollen. Unterricht zu nehmen, bietet die Möglichkeit, die Ängste und Überzeugungen auszuräumen, die einen davon abhalten, willentlich die Theta-Gehirnwelle zu erreichen. Hast du das Empfinden, deine eigenen Fähigkeiten zu blockieren, suche einen Theta-Heiler oder jemanden auf, von dem du weißt, dass er die Blockade zu lösen vermag.

Bei dem Gesetz der Anziehung handelt es sich um ein reales, universales Gesetz, das hauptsächlich den unterbewussten, weniger den bewussten Geist anspricht. Dein Unterbewusstsein trägt die Verantwortung für das Leben, das du heute lebst. Dein bewusster Geist mag wissen, dass du ein anderes Leben führen möchtest, kann dich aber nicht dorthin führen, solange die verborgenen unterbewussten Überzeugungen nicht im Einklang damit stehen. Wenn du das Unbekannte fürchtest und dich etwas in der Geistigen Welt in Schrecken versetzt, wirst du mit größter Wahrscheinlichkeit diese Erfahrung anziehen.

Angst wird auf der unterbewussten Ebene entdeckt und bleibt der Geistigen Welt nicht verborgen. Ebenso wie Tiere Furcht spüren und wissen, wann sie angreifen können, verhalten sich die unsichtbaren Wesen. Befolge die in diesem Buch angegebenen Methoden, dich zu schützen und zu reinigen. Vielleicht solltest du an deinen Überzeugungen arbeiten, um deine Ängste zu besiegen. Hast du erst einmal die Angstprogramme gelöscht, wirst du keine dunklen Wesen oder Erfahrungen mehr anziehen und einen tieferen Einblick in die wahre Geistige Welt gewinnen.

Die in diesem Buch gegebenen Informationen werden dich befähigen, dich wieder mit deinen Lieben auf der anderen Seite zusammenzuführen, und dir helfen, die Zeichen, die sie dir geben, zu erkennen. Du wirst mit Geistwesen kommunizieren und Geistern über die Schwelle helfen. Furcht- und mühelos wirst du dunkle Wesen vertreiben. Vielleicht wirst du durch diese Arbeit wieder an eine allumfassende Schöpferkraft glauben, die in allem wirkt und nicht zerstört werden kann. Je weiter deine Heilung fortschreitet und je mehr du mit den angegebenen Techniken arbeitest, desto klarer wirst du durch den Schleier blicken, bis du eines Tages merkst, dass es gar keinen Schleier gibt. Nur deine Glaubensvorstellungen trennen die Welt der Lebenden von der Welt der Verstorbenen.

Denke stets daran, dass Gott uns die Macht über dämonische Geister verlieh. Deine Glaubenszughörigkeit spielt keine Rolle. Jeder Mensch besitzt diese Autorität. Wenn wir einem Dämon befehlen zu weichen, während wir mit dem Licht verbunden sind, muss er gehen. Obwohl ich die Bibel gewöhnlich nicht zitiere, bringt Matthäus die Dinge auf den Punkt, wenn er sagt (10,7-8):

„Wenn ihr aber hingeht, so predigt: „Das Reich der Himmel ist nahe."
Heilet Kranke, wecket Tote auf, machet Aussätzige rein, treibet Dämonen aus! Umsonst habt ihr es empfangen, umsonst gebet es!"

Ich interpretiere die Worte „wecket Tote auf" dahingehend, dass sie unsere Fähigkeit widerspiegeln, die Toten ins Licht zu erheben. Die Toten zu wecken, bedeutet, verlorene Seelen zu finden und zu Gott zu schicken.

Bist du berufen, mit Geistwesen zu arbeiten und Geistern zu helfen, die Schwelle zu überschreiten, wisse, dass es sich um einen göttlichen Ruf handelt. Wir sind hier, um die Kranken zu heilen und die Teufel zu vertreiben. Das heißt: Du, ich und wir alle. Es gehört zu unserem geistigen Erbe. Wir sollen uns selbst schützen und unseren Planeten bewahren.

Möge dieses Buch dir dabei helfen, deine eigene Verbindung zur Geistigen Welt aufzubauen. Ich wünsche dir Freude und Heilung, wenn du Kontakt zu deinen Lieben auf der Anderen Seite aufnimmst.

WARUM DAS UNMÖGLICHE DOCH GESCHIEHT

Spontanheilung
Warum das Unmögliche doch geschieht
Peter Michel und Katarina Michel
Hardcover
ISBN 978-3-89427-673-7

Es ist ein seltsames Phänomen, dass sich die Medizin zwar mit Eifer dem erkrankten Menschen zuwendet, wenn er aber plötzlich und unerwartet von einer anscheinend unheilbaren Krankheit genesen ist – verliert sie völlig das Interesse an ihm. Man gewinnt beim Studium dieses Phänomens den Eindruck: Dass nicht sein kann, was nicht sein darf! Katarina und Peter Michel zeigen in ihrem Mut machenden und Hoffnung schenkenden Buch auf, dass der „Heilungskosmos" offensichtlich weitaus größer und mannigfaltiger ist, als das gegenwärtige orthodoxe medizinische Weltbild annimmt. Es geschehen die ungewöhnlichsten Heilungen auf meist völlig unerwartete Weise. Wenn man diese Geschehnisse nicht verdrängt, sondern ernsthaft studiert, kommt man zu dem Schluss, dass die Gesetzmäßigkeiten des Heilens ganz neu definiert werden müssen. In diesem Buch werden zahllose Fallbeispiele dokumentiert und der Versuch unternommen, hinter dem scheinbar Unbegreiflichen eine tiefere geistige Gesetzmäßigkeit zu erkennen. Es scheint auch hinter den kaum fassbaren „Wunderheilungen" eine verborgene Ordnung auf, die erkennen lässt, welche große Weisheit über Krankheit und Heilung waltet. Ein ermutigendes Werk, das wieder einmal die alte Wahrheit belegt: „Wer nicht an Wunder glaubt, ist kein Realist!"

Besetzungen
Sich Von Fremdeinflüssen befreien und
wirksamen Schutz aufbauen
Silvia Stolzmann
Paperback
ISBN 978-3-89427-683-6

In allen Kulturen findet man das Wissen um Wesen, die sich in einer erdnahen Sphäre aufhalten und Menschen aus verschiedenen Gründen negativ beeinflussen. Manche, zumeist ehemalige Erdenbürger, haben noch nicht erkannt, dass sie verstorben sind. Sie bleiben ihrer alten Umgebung verhaftet und irren verwirrt umher. Andere wiederum, zumeist einstige Menschen, die einer Sucht erlegen waren, versuchen sich an die noch Lebenden anzuhängen, um auf irgendeine Weise eine Befriedigung ihrer Süchte zu erlangen. Neben diesen beiden häufig auftretenden Fällen gibt es allerdings noch jene extrem negativen und bösartigen Wesen, die aus ihrer dämonischen Einstellung heraus versuchen, auf der Erde größtmöglichen Schaden anzurichten. Silvia Stolzmann arbeitet seit Jahren in ihrer Praxis daran, ihre Klienten von diesen negativen Kräften zu befreien und sie selbst oder ihre Umwelt wieder mit einer heilsamen Atmosphäre zu umgeben. Sie schildert in diesem Buch ihre Arbeit, beschreibt die einzelnen Wesen und ihre Möglichkeiten zur Einflussnahme und zeigt Wege auf, wie man sich von einer solchen Beeinflussung zu befreien beziehungsweise grundsätzlich zu schützen vermag. Ein aufrüttelnder Ratgeber, der deutlich macht, dass es auch eine „dunkle Seite des Lebens" gibt!

VON FREMDEINFLÜSSEN
FREI WERDEN